異文化コミュニケーションワークブック

三修社

八代京子
荒木晶子
樋口容視子
山本志都
コミサロフ喜美

はじめに

　文化背景の異なる人々の間のコミュニケーションは、特異なことではなく日常的なことであるという理解が人々の間で広まってきています。国籍が同じでも文化背景が異なるということは往々にしてあります。同じ日本人でも文化背景は一緒ではありません。たとえば、男女間、熟年と若者、学生と社会人、管理職と平社員では文化背景が異なります。このように、私たちの日常におけるコミュニケーションのほとんどが異文化コミュニケーションであると言っても過言ではありません。

　それと同時に、外国人とのコミュニケーションの機会が急激に増えていることも事実です。特に近年著しいのはビジネス界における異文化コミュニケーションの日常化ではないでしょうか。筆者たちは、最近、ビジネスマンを対象とした異文化コミュニケーション研修の依頼を頻繁に受けるようになりました。英語ができても外国人同僚、上司、部下などとのコミュニケーションがスムーズにいくとは限らないことを実感したビジネスマンが異文化コミュニケーション・スキルの必要性を痛感しているのです。

　実は、異文化コミュニケーション能力は幼い頃から育て始める必要があります。異文化コミュニケーションは、文化背景の異なる人への開かれた心と態度、それから、コミュニケーション活動への積極的な参加行動が基礎になっています。これらの態度と行動力は幼い頃から養うことが大切です。現在、国際理解とコミュニケーションが学校教育の現場で積極的に取り組まれているのは、まさにこのためです。

　本書は、異文化コミュニケーションの基礎である開かれた心と態度、それから、コミュニケーション活動への積極的な参加行動力を養うための多くのエクササイズから成っています。そして、それらのエクササイズとその解説を通して異文化理解に必要な自己気付き、自文化および他文化に関する情報を学習することができます。それから、異文化コミュニケーションの理論も紹介しています。さらに、積極的な発信型のコミュニケーション、すなわち、アサーティブ・コミュニケーション能力を付けるためのエクササイズも収めてあります。異文化コ

ミュニケーション能力を身につけたい方々に役立てていただける内容です。

　筆者たちは、学生参加型の授業でエクササイズを用いてその効果を確かめています。また、異文化コミュニケーション学会で異文化疑似体験学習用のシミュレーションを実施して、研究を重ねています。本書に収めたエクササイズやシミュレーションはそのような経過を経て作成されたものです。分かりやすく、役に立ち、やって楽しいエクササイズ集を心がけて本書を作りました。エクササイズ（セルフチェック/ステップアップ・エクササイズ）を実際に行った後で解説を読んでください。本書は、『異文化トレーニング』（八代京子他著・三修社刊）と併せて使用していただくと、より一層学習効果が上がります。

2001年 夏
八代京子

CONTENTS

はじめに

第1章　異文化コミュニケーションとは
  1　新しい常識発見 …………………………………… 9
  2　ステレオタイプ …………………………………… 13
  3　異文化理解への態度 ……………………………… 17
  4　文化とコミュニケーション ……………………… 22
    (1)　日本文化を紹介するなら／22
    (2)　文化とは何か／24
    (3)　コミュニケーションの定義／28

第2章　コミュニケーション・スタイル
  1　コンテキスト ……………………………………… 39
  2　双方向コミュニケーション：ターンテーキング … 43
  3　自己開示 …………………………………………… 46
  4　パラ言語 …………………………………………… 51

第3章　言語コミュニケーション
  1　ほめ方 ……………………………………………… 61
  2　叱り方 ……………………………………………… 65
  3　謝り方 ……………………………………………… 69
  4　自己紹介 …………………………………………… 73
  5　誘い方と断り方 …………………………………… 75

第4章　非言語コミュニケーション

　　1　表情 …………………………………………………… 81
　　2　アイコンタクト ……………………………………… 84
　　3　しぐさとジェスチャー ……………………………… 87
　　4　タッチング …………………………………………… 91
　　5　空間と対人距離 ……………………………………… 94
　　6　時間の感覚 …………………………………………… 98

第5章　価値観

　　1　ことわざ ……………………………………………… 103
　　2　異文化ケース・スタディー ………………………… 106
　　3　基本価値志向 ………………………………………… 109

第6章　自分を知る

　　1　対立管理スタイル …………………………………… 117
　　2　異文化適応力チェック ……………………………… 123
　　3　共感（エンパシー） ………………………………… 127

第7章　異文化コミュニケーション・スキル

　　1　D.I.E.メソッド ……………………………………… 137
　　2　アサーティブ・コミュニケーション ……………… 143
　　3　相手の話を聞く――エポケー ……………………… 150
　　4　相手を責めない――アイ・ステートメント「わたし文」 … 158
　　5　アサーション・総合エクササイズ ………………… 163

〔付〕異文化シミュレーション ……………………………… 167

第1章
異文化コミュニケーションとは

　異文化コミュニケーションということばが、いろいろなところで使われるようになりました。文化背景が異なる人々との接触が頻繁になってきたからだと思われます。異文化コミュニケーションの世界は「あなたの常識は、私の非常識。私の常識は、あなたの非常識」の世界です。どうしてそうなるのか、この章で考えていきましょう。第１節では、私たちの身近に新しい常識があることに気づきましょう。第２節では、「ラテン系の人々は陽気だ」というように外国の方たちをステレオタイプ化してしまう傾向は、真実を見えにくくしてしまうことを取り上げます。文化背景の異なる人を理解する妨げになるステレオタイプ化を避けましょう。第３節では、文化の異なる人々を理解するにはどのような態度と心構えが大切なのか考えましょう。第４節では、異文化理解とコミュニケーションとはどのような分野なのか分かりやすく解説し、まとめます。文化とは何か、コミュニケーションとはどういう過程なのかがはっきり分かります。

▶ 1 新しい常識発見

　あなたが常識だと思っていることが、他の人にとってそうではなかったという経験はあるでしょうか？　また、その逆に、他の人の常識が、あなたにとって非常識だったということは？

例：「風邪をひきそうになったら…」
- 私の常識　　「暖かくして、早く寝る」
- トゥアン君の常識　　「裸になって、背中を家の人にスプーンでこすってもらう」
- 私のおばあさんの常識　　「みかんの皮を焼いて食べる」

セルフチェック

　次のことは、あなたにとって常識でしょうか。a～cから当てはまるものを選び、その理由を記入したあと、パートナー、またはグループでそれぞれ意見を交換してみましょう。

① 　時間に遅れて人を待たせたら謝る。
　　a．常識　　　b．常識ではない　　　c．どちらともいえない
　なぜなら（　　　　　　　　　　　　　　　　　　）

② 　人から好意を受けたり、贈り物をもらったりしたら、次に会ったとき、ひと言お礼を言う。
　　a．常識　　　b．常識ではない　　　c．どちらともいえない
　なぜなら（　　　　　　　　　　　　　　　　　　）

③ 　先輩や先生に対しては、同年齢の友人に対するときより丁寧に話す。
　　a．常識　　　b．常識ではない　　　c．どちらともいえない
　なぜなら（　　　　　　　　　　　　　　　　　　）

「常識」とは、文化内、グループ内で共有されているもの。文化背景が異なる人々のあいだでは、常識が非常識になる逆転現象が起きます。日常のささいなことならば、「習慣」や「考え方」が違うで済まされる場合もありますが、各人の持つ価値観や信念と大きく違っていたり、絶対に譲れない場合には、重大な摩擦を引き起こすこともありえます。

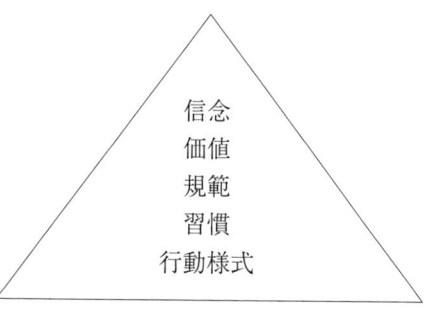

次のような言葉を言われたことがあるでしょうか。そのときどんな気持ちになったか、思い返してみましょう。

「常識をわきまえろよ」
「そんな常識も知らないのか」
「君の常識を疑うよ」
「これが、うちのやり方なんです」
「それは、ここでは通用しないんだよ」

また、あなたはこのようなことを他の人に言ったことはあるでしょうか？　そのとき、相手に対してあなたは、どんな気持ちだったか。また、相手は、あなたに対してどんな態度をとったでしょうか？

ステップアップ　エクササイズ

常識というワクからはみ出したものに対して、私たちは、なぜしばしば、腹を立てたり、失礼な、と怒ったり、否定的な気持ちになるのでしょうか。海外で、次のような経験をした人がいます。あなたなら、どう反応するでしょうか。

① 電話に出たら、かけてきた相手は、名前を名乗らず、「あなた誰？」と聞いた。

　　　　私は、きっと（　　　　　　　　　　　　　　　）だろう。
②　一緒に食事をすると、隣の人が自分の箸(はし)を使って、私のお皿に勝手に料理をどんどん乗せた。
　　　　私は、きっと（　　　　　　　　　　　　　　　）だろう。
③　食事に招待したら、「喜んで行きます」と言ったのに、断りなく欠席した。その後、謝りの言葉もない。
　　　　私は、きっと（　　　　　　　　　　　　　　　）だろう。

　今度は、相手の立場に立ってみましょう。相手にとってこれが「常識」だとすると、その背景にはどんな理由があるのか推察してみましょう。

〔理由〕
①

②

③

①　「あなた誰?」電話が普及しはじめて間がない発展途上国では、よくこんな電話がかかってきます。個人が電話を所有していることが少なく、また、間違い電話も多いので、自分が名乗るよりまず、はたしてかけたい相手にきちんとかかったかを確かめる第一声なのです。「自分からかけてきたのに失礼な」と怒る日本人もいますが、現地では、当たりまえのことも。
②　いわゆる「じか箸」といわれるもの。ベトナム、中国では、お客に対しての親切心やもてなしの心の表れとしてよく見受けられます。慣れればいいとはいえ、日本人の中には、最初は抵抗を感じる人が多いでしょう。
③　アフリカの国々などでよくあるのですが、「誘いを断っては、相手の顔をつぶす」と考える人々は、イエスと答えて、実は、ノーの意味を込めてい

るのです。微妙なニュアンスを察することができれば、それに越したことはないのですが、できなくても、がっかりしないで、来るか来ないか状況判断で、予測しましょう。すっぽかしても、相手は気まずくなることはあまりないようです。こちらが気にしなければ、関係がこわれることはないのです。

（樋口容視子）

▶ 2 ステレオタイプ

セルフチェック

① 下の絵を30秒見てから、本を閉じて、思い出せるだけ見えた物を紙に書き出してみましょう。

② 今度は、文房具、果物、野菜、衣服という範疇を意識して下の絵を見ましょう。①と同様に30秒見てから本を閉じて、何が描いてあったか書き出してみましょう。

どうですか、今度のほうが思い出しやすかったでしょうか。前回よりもずうっと数多く思い出せたでしょうか。

私たちは、物事を記憶するとき、個々の事物を個別に記憶するよりは、同じ範疇に分類できるものは一まとまりとして記憶するほうが記憶しやすいのです。ですから、前ページに描かれた物も個々に覚えるよりは、果物とか衣服という範疇に分類して覚えるほうが覚えやすいわけです。さらに思い出すときも範疇に分類して記憶したもののほうが思い出しやすいのです。だから、私たちは日常のこまごましたことも適当に分類して覚えています。

　分類できるのは、基準があるからですが、その基準はどのようにできるのでしょうか。たとえば、人を分類するときの基準を考えてみましょう。あなたがはじめて会ったアメリカ人と目が合ったとき、相手がニコッと笑いかけてきました。次に会ったアメリカ人も陽気に見えました。あなたの友達がつきあっているアメリカ人もよくジョークを言うと聞きました。このように繰り返し「陽気」という経験をすると、「アメリカ人は陽気だ」という基準が頭の中にできます。

ステップアップ／エクササイズ

以下の人々のことを一言で言えば、どのように形容できますか。

中国人：

フランス人：

日本人：

イギリス人：

若者：

学者：

政治家：

外国人は、日本人のことを「日本人はまじめで、親切で、遠慮深い」などと一般化する傾向があります。一方、日本人は、アメリカ人のことをフレンドリー、フランク、陽気、フランス人は粋(いき)、イタリア人は情熱的などと一般化します。そして私たちは、あの人はアメリカ人だからフレンドリーに違いないとか、あの人はイタリア人だから情熱的なのだというように、予測や理由付けをしてしまうことがあります。若者だから礼儀をわきまえない、学者だから抽象的な考えの持ち主だ、政治家だから話が大きい、というような一般化をしがちです。本当にそうかどうか確かめないで、そう思い込んでしまうことをステレオタイプ化といいます。

　ステレオタイプということばは元々は印刷用語です。ステレオタイプというのは何回も使う決まった型のことでした。でも、今では、人や文化のことを一般化しすぎる認識傾向を指すのに用いられています。私たちは、物事を記憶するとき、繰り返して同じことが起きると、それを同じ範疇に入れて記憶します。つまり、いろいろな事柄を分類して記憶するのです。ステレオタイプというのは、私たちの記憶構造が必然的にもたらすものだということもできます。

　ところが、やっかいなことに、記憶するのに避けて通れないステレオタイプ化は、真実、事実を把握するときの妨げになります。たとえば、こんなことが起きます。アメリカ人のジョン・スミスは、実は、生真面目で、気難しい性格です。アメリカ人だからフレンドリーでフランクで陽気というステレオタイプでジョン・スミスを見てしまうと、本当のジョン・スミスが見えにくくなります。目の前にいる人物をしっかり把握するためにはステレオタイプの持つ落とし穴に十分注意し、事実を正確に受け止められるよう情報を求めていく必要があります。

(八代京子)

[参考文献]
八代京子、町惠理子、小池浩子、磯貝友子『異文化トレーニング』三修社、1998年、pp.203-216.

▶3 異文化理解への態度

セルフチェック 1

あなたはこれから様々な文化背景や価値観を持つ人々（出身国、世代、男女、職業その他）と一緒に何かプロジェクトを進めていかなければならないとします。同じプロジェクトメンバー同士でうまく効果的に仕事を進めていくうえで、どのような態度、スキル、知識が必要だと考えますか。思いつくまま下に書き出してみてください。

さあ、いくつ挙げられたでしょうか。外国語や、相手の文化に対する知識等いろいろあるかと思いますが、このような状況では、異文化コミュニケーション能力がぜひとも必要となってきます。異文化コミュニケーション能力と一口に言っても実は様々な要素が含まれているのです。ここでは、その中でも特に態度の面に注目し、大切な部分を挙げてみました。

1．お互いの考え方を理解、尊重する姿勢

相手の考え方が自分と違うからといって「それは良くない」などと判断しがちなのですが、文化が違えば考え方が違って当然です。まずは相手の考え方を理解し、尊重しようという姿勢から始めてみましょう。また、それと同時に自分の考え方を尊重することも大切です。相手の考え方を理解、尊重するということと、相手の考え方に賛成し、合わせるということはまた別のことです。相手の考え方を理解、尊重したうえで、話し合いを進め

ていくという方法もあるのです。

2．自文化中心の物の見方だけにとらわれない態度

　人は誰でも自分の文化のフィルターを使って世界を見ています。本当に違った文化背景を持つ人々を理解しようと思うと、まずは自文化を基準にした物の見方から抜け出し、他の文化からの物の見方もしてみるよう努めてみることが大切です。何もこれは自分の見方をなくすということではなく、他の観点でも見てみようという態度です。そして、そのために何よりも必要なことは自分の文化を理解するということです。異文化理解の第一歩はまず自文化の理解です。いったい、自分はどのような基準で物を見ているのか、何が常識となっているのか、自分の身のまわりで当たり前になっていることを見直してみることから始めてみましょう。

3．オープンな心

　一口に相手を理解するといっても、オープンな心なしでは難しいことです。今まで自分で当然と考えていたことや、確信していたことと違う考え方を理解するためには、異なる考え方を受け止めるオープンな心が必要となってきます。

4．判断を保留する力

　これは何も判断をするなということではありません。異なった文化を理解しないまま判断してしまうことは大変危険です。人は特に「違い」に出会い、それについてよく理解していないときに「否定的な判断」をしてしまいがちです。そのようなとき、いったん判断を保留し、まず相手を理解することから始める必要があります。

5．感情をコントロールする力

　異文化間で行き違いなどあると、ついついカッとしてしまったりすることがあります。そのようなとき、感情のままに行動するのではなく、ある程度コントロールする力が必要です。

6．柔軟な心

　従来の方法や考え方にとらわれず、新しい方法を試してみようとする気持ちです。

7．相手への共感

「自分が相手の立場だったら」という見方からさらに進んで、相手の物の見方から物事を見、感じることです。

8．良い聴き手となること

ただ単に聴くだけでなく、相手が言わんとしていることを積極的に本当に耳を傾けて聴く力です。

9．違いを楽しむ気持ち

「違う」ということを否定的にとらえるのではなく、むしろ積極的に楽しもうという気持ちです。考え方や価値観の違いを問題面からだけでなく、豊かさという面からも見てみましょう。

10．自分の失敗を笑うことができる余裕

文化背景が違う人々と共同で何か仕事をする場合、誤解が起こってしまったり、失敗してしまったりすることもあるかもしれません。そのようなとき、失敗を恐れず、むしろ失敗を明日の糧にするくらいの度胸が必要です。自分の失敗を笑うことができるというのは、物事を客観的に見ることができている証拠です。落ち込まずに、自分の失敗をユーモアで笑い飛ばしてしまうくらいの余裕を持ちましょう。そして、失敗からまた学んでいけば良いのです。

セルフチェック 2

上記の10項目とあなたがセルフチェック1で挙げたスキルや態度、知識の中で、自分で強いと思う項目3つと、弱いと思う項目3つを書き出してみましょう。

① 自分が強いと思う項目

② 自分が弱いと思う項目

ステップアップエクササイズ

　セルフチェック２で、弱い部分ということで挙げた３項目を向上させるために、今日から何ができるでしょうか。もし、「柔軟な心」という項目が弱いとすれば、「柔軟な心」を向上させるために具体的にどのようなことが日々の生活の中で実践できるか考えてみましょう。何も大げさなことではなく、ごく身近なささいな事でもいいのです。たとえば、普段使い慣れているもの（ペン、食器等）のまったく別の使い道を考える、あるいはいつもやっている仕事を別の方法でやってみる、１日１回は何か新しいアイディアを考えるなど、何でもOKです。

　３つ挙げたそれぞれの項目について、自分で今日から出来ることを考えて書いてみましょう。

項目１：

項目２：

3　異文化理解への態度　**21**

項目3：

（コミサロフ喜美）

[参考文献]

マツモト、D.『日本人の国際適応力』三木敦雄訳、本の友社、1999年

Spitzberg, B. H. "Intercultural Communication Competence." In Samovar, L. A. & Porter, R. E. (Eds.) *Intercultural Communication: A Reader (6thed)*. Belmont: Wadsworth, 1991, pp. 353-365

4 文化とコミュニケーション

(1) 日本文化を紹介するなら

- 「文化」と聞いて、あなたは何を思い浮かべますか。
- 日本文化を代表するものは何だと思いますか。

セルフチェック 1

　海外から友達が来て、1週間日本に滞在するとします。友達は日本を象徴するようなものを見たい・体験したいという希望です。あなたなら、どこに案内しますか？　次の中にあなたの案内したいところはありますか。連れて行きたいところを選んでみましょう。その他にもあったら場所をあげてください。また、なぜ、その場所がいいと思いましたか。その理由も書きましょう。

　そのあと、他の人の回答と比べてみましょう。

〈理由〉

□博物館・美術館　　　（　　　　　　　　　　　　　　　　）
□歌舞伎劇場　　　　　（　　　　　　　　　　　　　　　　）
□宝塚劇場　　　　　　（　　　　　　　　　　　　　　　　）
□お茶会　　　　　　　（　　　　　　　　　　　　　　　　）
□日本舞踊の会　　　　（　　　　　　　　　　　　　　　　）
□盆踊り　　　　　　　（　　　　　　　　　　　　　　　　）
□花火大会　　　　　　（　　　　　　　　　　　　　　　　）
□神社・仏閣　　　　　（　　　　　　　　　　　　　　　　）
□自動車工場　　　　　（　　　　　　　　　　　　　　　　）
□お風呂やさん　　　　（　　　　　　　　　　　　　　　　）
□温泉　　　　　　　　（　　　　　　　　　　　　　　　　）
□コンビニ　　　　　　（　　　　　　　　　　　　　　　　）
□パチンコ屋　　　　　（　　　　　　　　　　　　　　　　）

4 文化とコミュニケーション 23

- ☐ ゲームセンター （　　　　　　　　　　）
- ☐ 秋葉原の電気街 （　　　　　　　　　　）
- ☐ わが家の夕食 （　　　　　　　　　　）
- ☐ 企業のオフィス （　　　　　　　　　　）
- ☐ 社員食堂 （　　　　　　　　　　）
- ☐ 皇居 （　　　　　　　　　　）
- ☐ 会席料理 （　　　　　　　　　　）
- ☐ おすし屋さん （　　　　　　　　　　）
- ☐ 魚河岸（うおがし） （　　　　　　　　　　）
- ☐ 満員電車 （　　　　　　　　　　）
- ☐ デパート （　　　　　　　　　　）
- ☐ スーパーマーケット （　　　　　　　　　　）
- ☐ 幼稚園の学芸会 （　　　　　　　　　　）
- ☐ 小学校の運動会 （　　　　　　　　　　）
- ☐ 居酒屋 （　　　　　　　　　　）
- ☐ とげ抜き地蔵 （　　　　　　　　　　）
- ☐ 新宿の高層ビル群 （　　　　　　　　　　）
- ☐ 地鎮祭 （　　　　　　　　　　）
- ☐ 選挙事務所 （　　　　　　　　　　）
- ☐ お花見 （　　　　　　　　　　）
- ☐ その他 （　　　　　　　　　　）
  - （　　　　　　　　　　）
  - （　　　　　　　　　　）
  - （　　　　　　　　　　）

セルフチェック 2

- あなたの持ち物の中で、日本の文化を象徴しているものはありますか。1つあげてください。また、なぜそれを選びましたか？

- あなたの家で、日本文化を象徴しているものは、何ですか。また、それは、なぜですか。

- あなたの「家」の文化を表すキーワードは、何ですか。

(樋口容視子)

(2) 文化とは何か

　私たちは日常生活の中で「文化」という言葉を聞くことが多くあります。「それは文化の違いだ」という表現や、「文化交流」という言葉であったりします。しかし本来文化とは何なのでしょうか。

セルフチェック 1

　「文化」という言葉から連想されるものを思いつくまま書き出してみてください。(例：音楽、住居など)

　いくつぐらい書けましたか。「文化」という言葉からは、言葉や食べ物といった目に見えるもの、また茶道や華道といった伝統文化、または何か芸術や歴史など学問として勉強するものがよく連想されます。しかし、実際

文化はもっともっと私たちのごく普通の日常に潜んでいるのです。誰かと話すとき、どれくらいの距離をとるのか、7時に夕食に招待されたら何時に行くべきなのか、同僚をなんと呼ぶのかなど、普段私たちがあまり意識しない部分まで実は文化が深く関わっています。

ここで、次の図を見てください。文化は氷山にたとえられることがあります[1]。この氷山の上の部分が目に見える部分の文化です。「それは氷山の一角にすぎない」という言葉も示すとおり、この見えている部分の海面下にはもっと大きな氷山が隠れているのです。ここが普段意識されていない部分で

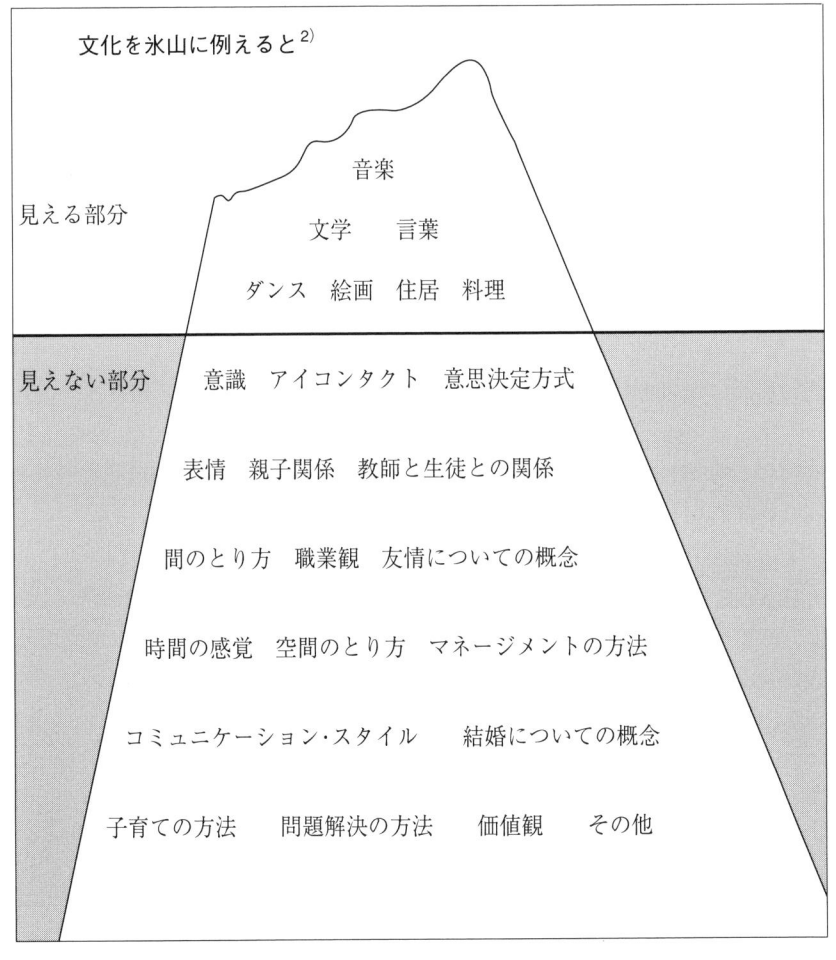

文化を氷山に例えると[2]

見える部分
　音楽
　文学　言葉
　ダンス　絵画　住居　料理

見えない部分
　意識　アイコンタクト　意思決定方式
　表情　親子関係　教師と生徒との関係
　間のとり方　職業観　友情についての概念
　時間の感覚　空間のとり方　マネージメントの方法
　コミュニケーション・スタイル　結婚についての概念
　子育ての方法　問題解決の方法　価値観　その他

あるのですが、実は異文化コミュニケーションではこの海面下の部分で誤解が多く発生しがちです。この海面下の部分に時間の感覚、コミュニケーション・スタイル、価値観などが含まれます。なぜ、見えない文化の部分で誤解が生じてしまうかというと、その文化グループの構成員にとってはあまりにも当たり前のことすぎて、文化の違いに気づくことが難しいからなのです。

これまでで文化というものの輪郭がなんとなくつかめてきたと思います。文化とは何かについては多くの人が多くの定義を出していますが、岡部は文化を次のように定義しています。「文化とは、ある集団のメンバーによって幾世代にも渡って獲得され蓄積された知識、経験、信念、価値観、態度、社会階層、宗教、役割、時間・空間関係、宇宙観、物質所有観といった諸相の集大成であるといえよう。」[3) このように文化とは、大きな概念なのですが、ここで、文化の特徴について簡単にまとめると、次のようになります。

文化とは

1．学習されるものである。

文化とはDNAの中にプログラムされたものではなく、意識的、無意識的に学習されたものです。どのような行動が礼儀正しいのかなど、小さい時に学んで今は学んだことすら忘れているようなことまで入ります。

2．集団によって共有されているものである。

文化とはある集団によって共有されているものであるので、ある個人に特有の行動や、反対に人類全体で共有しているものは基本的に文化とは呼ばれません。

3．普段意識しないものである。

普段私たちは自分のまわりにある酸素を常に意識しているわけではありません。文化も同じようにあまりにも当たり前になっているため、普段意識しないことが多いのです。特に同じ文化を共有している人々の間では「常識」となっています。

4．世代から世代へと受け継がれるものである。

文化はオリンピックの聖火リレーのように世代から世代へと無意識のうちに手渡されていきます。

4 文化とコミュニケーション

こうして考えてみると、実は私たちは1つではなく多くの文化の影響を受けていることに気がつきます。一人の人の中に実に多くの文化の層が重なっているのが分かります。アジアの文化、東アジアの文化、日本の文化、関西文化などの層、またAという会社の文化、学校の文化などもあるでしょう。

セルフチェック 2

自分に影響を及ぼしてきたと考えられる文化について書き出してみましょう。（例：○○学校文化、サラリーマン文化等）

ステップアップ エクササイズ

氷山の絵をもう一度見てください。今まで「見えない部分」（海面下の部分）の文化に関するところで、自分と違う文化と出会ったことがありますか。あるのであれば、どのような経験だったのかを思い出してください。（なにも海外での出来事とは限りません。国内でも転職や引っ越しなどで、今までのルールや常識が通用しなくなってしまった経験はありませんか。）

（コミサロフ喜美）

(3) コミュニケーションの定義

1）コミュニケーションとは何か

> **セルフチェック**
>
> コミュニケーションという言葉を聞いて連想する言葉は何ですか？　また、コミュニケーションをするのに最低何人の人が必要ですか？

　異文化コミュニケーションを考える前に、まずコミュニケーションがどのようにとらえられ、文化とどのようにかかわってくるのか共通の理解が必要です。ここでは、コミュニケーションとは何なのか、コミュニケーションの特徴から考えてみましょう。

　人間が社会生活をするうえでコミュニケーションは欠かせません。コミュニケーションの手段として、シンボルを使うことができるのは唯一人間だけです。コミュニケーションとは、人間が他の人々とのコミュニケーションを通して人間関係を築き、そのなかで人間性を高めていくための重要なプロセスです。

　そのコミュニケーションのプロセスは、人間の生活すべてを包括していて、実に様々な次元や局面があり、それらを全部をひっくるめて１つの定義を与えることは非常に難しいことです。実際にアメリカのコミュニケーション学者フランク・ダンスとカール・ラーソンが、現存する126種類ものコミュニケーションの定義を挙げているように、学者たちの間でも様々な議論が展開され、学問の発展に伴って定義そのものについても変化が起きてきています。

　ここでは、文化とコミュニケーションを考えるうえで役に立つと思われるコミュニケーションの基本概念を紹介しましょう。

　それでは、先ほどの質問に戻りますが、普通、「コミュニケーション」と言えば、多くの人が「会話」を思い起こすように、コミュニケーションとは、二人以上の人間が言葉を使って意思の疎通を行うものと一般には考え

られています。しかし、実際には個人の内部で起きている心の動きもコミュニケーションのもうひとつの形態としてみなし、次のようにコミュニケーションをとらえています。

コミュニケーションとは、「私たち人間が自分自身の内部体験や外界からのさまざまな刺激に対して、自分なりの意味を見出そうとして努力する創造的なプロセス」[4]です。例えば、外の景色を見て、「今日はいい天気だな」と心の中で思った瞬間に、言葉に出していなくてもコミュニケーションは起きていると考え、その気持ちを実際に友人に伝えた場合と区別します。

このように何かに意味づけするプロセスが人間の内部で行われている状態を「個人内（自己内）コミュニケーション」と言い、その内部状態（意味づけしたこと）を他の人と共有し分かちあおうと努力するプロセスを「個人間（対人）コミュニケーション」と言います。

伝統的なコミュニケーション理論では、「話し手」や「聞き手」に与えられた役割が重要でしたが、非言語コミュニケーションの研究家のバードウィスティルが「人はコミュニケーションするのではなく、コミュニケーションに参加するのだ」[5]と言っているように、どちらかが「話し手」でどちらかが「聞き手」ではなく、二人は同時にコミュニケーションに参加するのであり、シンボルを通して送られたメッセージは、コミュニケーションに参加するすべての人によって、様々な意味づけ（解釈）がなされることになります。つまり、話し手が何を言ったか、言わなかったかということではなく、そのことに対して「他人が与える意味」とその意味づけをする「行動の認知者」の役割が重要になってきたのです。

ステップアップ　エクササイズ

同じクラスのAさんとBさんが二度と顔も見たくないと思うほどの大喧嘩をしました。翌日学校内で顔を合わせた二人は、お互いを無視して何も言葉を交わさずに通りすぎました。さて、この二人のあいだにコミュニケーションはあったでしょうか？

　　①あった　　②なかった

答えはイエスで①です。もちろん言葉を交わしていないので言語によるコミュニケーションはなかったことになりますが、立派にコミュニケーションは成立しています。話したくないと思っている相手に偶然出会い挨拶をしないで通りすぎようとしたときに、お互いを避けたときの顔の表情や態度から、例えば、「まだ、怒っているのか。会わなければ良かった…」などと心の中で意味づけ（解釈）した瞬間にすでにコミュニケーションは起きていることになります。

このように考えると、コミュニケーションの「意味づけ」のきっかけになるものは、言葉だけではありません。相手の視線、ジェスチャー、手の動き、対人距離、衣服など、言葉以外のシンボルである非言語コミュニケーションも大きな部分を占めています。バードウィステイルによると、個人間コミュニケーションにおいては、言語によるコミュニケーションは35％にすぎず、残りの65％は非言語コミュニケーションによるものであると分析されています。メーラビアンはもっと極端で、メッセージの7％が言語、38％が準言語（トーン、イントネーション、ピッチ、ストレス）、そして55％が顔の表情によって伝達されると判断しています[6]。

たとえ二人の人間が言葉を交わさなくても、お互いの存在に気づき意味づけをする限り、コミュニケーションの対象になり、どちらも相手とのコミュニケーションに参加するのは避けられないからです。

このように人間の五感を通して感知できるものはすべてコミュニケーションの対象になります。「知覚され解釈されたものがすべて伝わる」[7]という見解に立てば、われわれは生きている限りコミュニケーションから逃れられないことになります。それは、人間が「行動せざるを得ない存在」であり、生きている限り、「行動（意味づけ）をやめること」ができないからです。

コミュニケーションを考えるうえで大切なことは、相手の表現方法や話された言葉や相手の意図することよりも、その話されたことやなされたことに対して「他人が与える意味」であり、その行動が「いかに意味づけされ解釈されたか」が重要であり、さらには、この点が異文化コミュニケーションを学んでいくうえでの大切なポイントになってきます。

2）コミュニケーションにおける知覚と認識のプロセス

セルフチェック

私たちは身体の何を使って外界からの情報を取り入れていますか？

答えは五感です。人間は真空状態で生活しているわけではないので、黙っていても、外界で起きる様々な刺激にさらされています。その刺激を人間の五感（視覚、嗅覚、聴覚、味覚、触覚）を通して外界の世界を知覚認識するのです。コミュニケーションが「意味を創造するプロセス」であるならば、私たちがどのように外界から情報を取り入れているか、知覚と認識のプロセスを知ることも大切なことです。

それでは次に私たちが五感を通してどのように外界を意味づけしていくのか、もう少しよく見てみましょう。

ステップアップ　エクササイズ

次の絵を見てください。真ん中の文字を読んでみてください。

文字の背景が変わるだけで、同じ文字が異なった意味に解釈されるということは、コミュニケーションで意味づけするときに、その背景となるもの、つまり「コンテキスト（文脈、意味背景）」が非常に大切な要因であるということです。これは、異文化コミュニケーションを理解するうえでは、

さらに重要な要素となってきますので、ここでは、コンテキストという言葉を覚えておいてください。

それでは、どのようなプロセスで意味づけが行われているのでしょう。私たち人間は無数の数えきれないほどの刺激の中から、自分の興味や必要性に応じて、まず刺激のきっかけになるものを自分で選択し、過去の学習や経験に照らし合わせて一瞬のうちに頭の中で、コンピューターよりすばやく、構成、分類をして自分にとって意味あるように、つじつまが合うように、解釈をするのです。

アメリカのコミュニケーション学者のケネス・ボールディングは「われわれが知覚認識する世界というものは、われわれがイメージしている世界であり、現実であると信じているものは主観的な知識でしかない」[8]と述べています。つまり、コミュニケーションはシンボル（象徴）を通して現実を構築していくプロセスであり、私たちが現実だと思っている世界は、私たちの過去の学習や経験から学んできたことをもとに、自分自身の頭の中で創り上げた自分だけの世界であることを理解する必要があります。

このように私たちは、世の中を自分色のフィルターを通して見ています。というより、私たちはこの自分自身のフィルターを通してしか、この世界を認識することができないと言ったほうが良いかもしれません。人と人とのコミュニケーションは、こうした一人一人の違った現実認識を背景にして行われているということを、しっかりと把握しておきましょう。文化背景の異なる人とのコミュニケーションが難しい理由のひとつは、この個人のフィルターのほかに個人のもつ文化のフィルターが重なることで、意味づけのプロセスがさらに複雑になるからです。

3）異文化コミュニケーションとは何か？

異文化コミュニケーションは、文化背景の異なる人々とどれだけ相互理解を深めることができるかが大きな鍵になってきます。ある文化と他の文化の人々の相互理解の障壁となっているものは、語彙や言葉の相違だけではなく、多くの場合それぞれの文化が、人々の行動に対して付与する意味の相違によることが大きいからです。

ハリー・トリアンデスは文化背景の異なる人との間で誤解が起きるのは、その個人が「相手の行動の原因がわからない」ことから生じるもので「相手の行動について『誤った原因の帰属』をしてしまうからだ」と述べています。

4 文化とコミュニケーション

> ### セルフチェック
>
> 　日本人とアメリカ人の夫婦がドライブをしていました。アメリカ人のご主人がコンビニエンスストアーの前で車を止めて「飲み物を買ってくるよ」と言って店に入っていきました。そして、彼は飲み物を買って車に戻りましたが、日本人の奥さんは怒ってしまいました。いったい何があったのでしょう。

　答えは、「ご主人が自分の飲み物だけを買ってきたから」です。これを見て奥さんが「どうして自分の飲み物だけを買ってきて、私の分を買ってこないの？」と言ったら、ご主人は"Why didn't you say so ?"（どうして、自分も飲み物がほしいと言わないの）と言うのです。

　日本人であれば、自分が何か飲みたいものがあれば、一緒にいる周りの人にも気を遣うのは当然のことで、「何も言わなくても買ってきてくれるもの」と思っています。ですから、このような場合、日本人であれば「言わなければわかってくれない人」を、「なんて自分勝手な人だろう」「なんて思いやりのない人なのだろう」とその人の何らかの性格的特徴として解釈してしまいます。

　ところが、文化背景が異なり、自分の欲しいものは「自分の意志で自分の言葉で表現する」ことを基本としている文化の人は、言葉ではっきり意思表示をしない人を「自分の意見も言わないのは責任を回避している」人だと解釈してしまいます。

　このように文化が異なると、同じ行動を見ても、相手がなぜそのように行動するのか相手の文化的立場に立った見方ができないために、誤解の原因が文化背景が異なるせいであるとは考えずに、「誤った原因の帰属」をして相手の性格のせいだと考えてしまいがちです。

　エドモンド・リーチは、文化を「コミュニケーションのシステム」ととらえ、エドワード・T・ホールは「文化はコミュニケーションである」と言っているように、ある文化とその文化の人々に特徴的なコミュニケーション・スタイルは密接に関係しています。つまり、異文化の人との誤解が

起きた場合は、まず、相手の個人的な「性格」のせいではなく、「文化的な要因」ではないかと考えてみることが必要です。

つまり、日本人にとってはあたりまえの「言わなくてもわかってもらえる」というものの見方は、日本の文化の影響を受けた日本人に特徴的なものの考え方であって、普遍的な考え方ではないことに気づき、また、「はっきりと言葉で自己表現することが当然」であるというアメリカ人の考え方も、異なる文化圏では通用しないことがあることを、相互に理解することが必要です。そうしなければ、ただお互いの個人の性格を責めつづけることで人間関係も悪くなり、相互理解はできなくなってしまいます。

相手の行動が個人の性格によるものなのか、文化的なものなのかを知るには、どうしたら良いのでしょう。それは、その人のとった行動が日本人、あるいは、外国人のその人にだけ特徴的な性格で、同じ文化のほかの人には見当たらない珍しいものであれば、その人個人の性格であると言うことができます、しかし、同じような行動が、同一文化内の様々な人々に共通してくり返し見られるものであれば、それは個人の性格ではなく、文化の影響があると考えられます。

「アメリカ人のご主人が何も言わない限り、自分のものしか買ってこない」例は、実際にアメリカ人と結婚している多くの日本人女性からよく聞く話です。たとえお互いを理解していると思って結婚している二人でも、同じ文化を共有していなければ、物事を同じように解釈できないこともある非常に良い例だと思います。

トリアンデスは、これらの誤解を回避し、異文化で望ましい行動がとれるようになるには、異文化の人と同じような原因の帰属の仕方を身につける必要がある[9]と述べています。

（荒木晶子）

[参考文献]

Triandis, Harry C. *The Analysis of subjective Culture.* New York: Wiley, 1972

Triandis, Harry, C., Culture Specific Assimilators, In S. M. Fowler (Ed.), *Intercultural sourcebook: Cross-Cultural Training* Method, vol. 1 1995

ジョン・コンドン『異文化間コミュニケーション』近藤千恵訳、サイマル出版会、1980

注 ────────

1) Odenwald, S. B. *Global Training: How to Design a Program for the Multinational Corporation.* Viginia: ASTD, 1993, p. 47
2) 同書に基づいて作図
3) 岡部朗一「文化とコミュニケーション」古田暁監修、石井敏・岡部朗一・久米昭元著『異文化コミュニケーション』(有斐閣) 1996年、P. 42
4) Gail E. Myers & Michelle Tolela Myers, *The Dynamics of Human Communication: A Laboratory Approach (6^{th}ed.)*, McGraw-Hill, Inc. 1992 pp. 27
5) ジョン・コンドン『異文化コミュニケーション』近藤知恵訳、サイマル出版社、1980年、p. 16 荒木晶子「外国人とのコミュニケーション」渡辺文夫編著『異文化接触の心理学』川島書店 1995、pp. 97-107
6) M. F.ヴァーカス『非言語コミュニケーション』石丸正訳、新潮選書、1987年、p. 15
7) ジョン・コンドン『異文化間コミュニケーション』近藤知恵訳、サイマル出版社、1980年、p. 16
8) Gail E. Myers & Michelle Tolela Myers, *The Dynamics of Human Communication: A Laboratory Approach (6^{th}ed.)*, McGraw-Hill, Inc. 1992 p. 27
9) Triandis, H. C. Cultural training, cognitive complexity and interpersonal attitudes. In R. W. Brislin, S. Bochner & W. J. Lonner (eds.), *Cross-Cultural Perspectives on Learning.* Halsted Press. 1975

第 2 章
コミュニケーション・スタイル

何をどのくらいことばで言うか、それとも態度で示すか、つまり、コミュニケーションのとり方は、文化によって異なります。ことばやジェスチャーの違いを扱う前に、その双方に影響を与えているコミュニケーションのとり方の違い、すなわち、異なる文化によるコミュニケーション・スタイルの違いを見ていきましょう。第1節では、場面状況から意味を把握しなければならない文化と情報をことばやジェスチャーに表さなければならない文化があることを紹介します。第2節では、コミュニケーション状況において話し手と聞き手がどのように交代するかが文化によって異なることを知ります。第3節では、自分のことをどれくらい開示しているか、それは異なる文化ではどのように解釈されるかなどを考えます。第4節では、声の高さ・大きさ・スピードなどのパラ言語に文化によっていろいろ異なる意味づけがされることを紹介します。

▶ 1 コンテキスト

　次の事例はアメリカに留学しているある日本人学生の話です。この日本人留学生の恵子さんはアメリカ人のルームメートであるジェーンと一緒にアパートに住んでいます。試験の前、恵子さんは勉強したいのに集中できなくて困っています。というのも、ジェーンがいつもリビングで大きな音で音楽を聴いているからです。明日大事な試験があるというある日、恵子さんが学校から帰ってくると、今日もジェーンが音楽を聴いています。

恵子　　　「ハーイ、ジェーン」
ジェーン　「ハーイ、恵子」
恵子　　　（肩を落としてため息をつきながら）「明日、社会学のテストがあってもう大変なの」
ジェーン　「それはかわいそうに。でも、恵子はいつも勉強しているから大丈夫なんじゃない？」
恵子　　　「実は前のテストで悲惨な結果だったのよ。だから今回こそはがんばらないと！」
ジェーン　「それは大変だ」
恵子　　　「だから、今日は集中して勉強しなくっちゃ！」
ジェーン　「じゃあ、がんばってね」

　この後リビングから聞こえてくる音楽はいつもと同じボリュームでした。恵子はジェーンがなぜ恵子の気持ちを分かってくれないのか、イライラしてしまいました。

セルフチェック

　ここで、どうしてこのような事が起こってしまったか考えてみましょう。

Ｑ１：恵子はジェーンに何を言いたかったのでしょうか。

第2章　コミュニケーション・スタイル

> Q2：ジェーンは恵子さんの言いたかったことがなぜ分からなかったのでしょうか。

　なぜ、このような行き違いが起こってしまったのでしょうか。まず、恵子は「音楽のボリュームを小さくしてほしい」あるいは、「音楽を消してほしい」ということを伝えようとしていることが考えられます。一方、ジェーンは恵子の本当に言いたかったことについて理解できていません。なぜなのでしょうか。この二人について理解するためにコミュニケーション・スタイルの違いが重要となってくるのです。

　恵子は「音楽を消してほしい」ということを直接言葉にせずに「明日テストがある」など、状況を使って伝えようとしています。つまり、恵子は状況を説明することで、相手に理解してもらうことを期待しています。しかし、ジェーンは恵子の言った状況よりも内容に注目しています。「明日試験があって大変だ」ということを言っていることには気がついていません。もし音楽がうるさいのであれば言葉で「音楽を消してほしい」と相手が言ってくれることを期待しているのです。

　ホールは、コミュニケーション・スタイルには高コンテキスト・スタイルと低コンテキスト・スタイルがあると言っています[1]。コンテキストとは文脈と訳されることも多いのですが、具体的には、状況や背景情報などを指します。

　高コンテキスト・スタイルとは、つまりコンテキストに依存する度合いが高いということで、簡単に言うと「何を言ったかよりも、どのように、どのような状況で言ったか」が重視されます。高コンテキスト・スタイルを使用する文化では、仲間内で共有される情報を多いため、ひとつひとつ言葉に出して説明しなくても理解しあうことができるという前提に立っています。前記のケースでは恵子のコミュニケーション・スタイルがこの高コンテキスト・スタイルです。

　反対に低コンテキスト・スタイルとはコンテキストに依存する度合いが低いということで、「どのように、どのような状況で言ったかよりも、何を言ったか」が重視されます。また、「だいたい」ではなく数字や日時等きっ

ちりと説明することも要求されます。低コンテキスト・スタイルを使用する文化では仲間内で共有される情報が少ないため、言葉をつくして説明することが必要とされています。前記のケースではジェーンがこの低コンテキスト・スタイルを使用しています。

　ホールによると日本を含めたアジア等は高コンテキスト文化、北米、ドイツなどは低コンテキスト文化と言っていますが、もちろん個人差があるのは言うまでもありません。また、高コンテキスト文化同士でも共有している情報が違っていれば誤解は起こってしまいます。

　皆さんの身近でも「言った、言わない」でもめたことはありませんか。もしかしたらコミュニケーション・スタイルが関係しているかもしれません。何も海外に限らなくても、国内でコミュニケーションするうえでも、自分はどういう傾向にあるのか、相手はどうかなどを考えてみることが誤解を防ぐ第一歩です。

　では、次の表現は高コンテキスト・スタイルを使っているのか、あるいは低コンテキスト・スタイルを使っているのか考えてみましょう。また、その理由も一緒に考えてみましょう。

ステップアップ／エクササイズ

① （上司が部下に言う。）
　「明日の8時までに、このAプロジェクトに関する企画書を私まで提出してください」

② （営業社員が取引先に言う。）
　「この間の件、ぜひご協力をお願いします」

③（文化祭の前日、サークルの先輩が後輩に言う。）
「えーっと、ちょっとあの事、なんとかしておいてね」

● 考えられる答え
①低コンテキスト。日時および何か、それから誰に提出するのか等が言語化されている。
②高コンテキスト。この間の件という部分が言語化されておらず、相手が分かっているものとされている。また、ご協力というものも何か状況から判断することが要求されている。
③高コンテキスト。これも、あの事およびなんとかする事がお互いに分かっているものという前提がある。

(コミサロフ喜美)

注 ─────
1) Hall, E. T. *Beyond Culture*. New York: Doubleday & Company, 1976, pp. 85-103

▶2 双方向コミュニケーション：ターンテーキング

セルフチェック

　高橋さんは、日米の合併企業に勤めています。課では1週間に1回、決まった時間にミーティングがあります。課長はアメリカ人です。課員の3分の1は外国人です。高橋さんは課のミーティングには欠席したことがありません。英語で行われるミーティングは大変ですが、資料も読み、意見も言っています。今日も、ある提案についてディスカッションが行われました。外国人社員はどんどん発言していましたが、高橋さんは課長の意見に賛成でしたので、賛成であることを言った後は他の人の発言を聞いていました。ミーティングの後で、課長に呼ばれて、どうしてもっと積極的に議論に参加してくれないのかと言われました。

　どうして課長は高橋さんに不満なのでしょうか。次から最も可能性があると思われる答えを2つ選びましょう。

1．課長の意見にもっと積極的に賛成表明をするべきであった。
2．自分の意見を理路整然と展開するべきであった。
3．自分とは反対の意見に反論するべきであった。
4．もっと根回しの労をとるべきであった。

答え：2と3

　吸収合併が頻繁に行われるようになって、上司や部下が外国人という状況が続出しています。今までのやり方ではうまく意志疎通、意志決定、決まったことを遂行することができないという事態に直面するケースが増えています。文化背景が異なる人々は、それぞれにミーティングでどのような行動をとるべきか期待していることが微妙に違うことを知っておきましょう。

　上のケースでは、アメリカ人課長は、ミーティングで各自が自分の意見を明確に正確に言うことによって、提案がより質の高いものになっていく

ことを期待しています。したがって、課長の意見に賛成であるか反対であるかということよりも、各自が自分の意見を理路整然と述べて、さらに今まで出た意見に対してどのような理由で賛成であるのか、どの点がどうして優れているのか、また、反対であるなら、なぜ反対なのか、どのようにしたら良いと思っているのかなどを述べてもらいたいわけです。他の人の意見に対しても、きちんと反応し議論に貢献することがミーティングに参加する者の責任であるとアメリカ人の課長は信じています。黙って人の意見を聞くという行動は、参加していることにはなりません。発言することは参加者の最低限の義務だと考えるのが欧米流です。

これに対して、日本では、ミーティングで微に入り細に入り議論するという事はまれです。対立点を鮮明にしないおだやかな話し合い、意見の聞き合いという面子と人間関係に配慮した行動をとります。また、出された意見に賛成の場合、「同意見です」と言って済ませても許されます。また、ミーティングでもっぱら聞いているだけという人もあまり非難されません。上の者が一方的に話すことにも抵抗があまりありません。

しかし、最近では、このようなコミュニケーションへの消極的な態度は、国際企業では改めねばならないと言われています。ところが、実際にはなかなか改められないのが現状です。よく、英語力がないことを言い訳に使う人がいますが、英語力以前にコミュニケーション行動への国際的な理解がないことのほうが問題です。つまり、コミュニケーションに参加する責任ある行動が何であるか知っていなければなりません。責任あるコミュニケーション態度を育成するには、どの言語を使用しているかに関わりなく、ミーティングにおいて積極的に発言する習慣をつけることが肝要です。

知的活動としてのダイアローグ（対話）の伝統が長い欧米では、ミーティングでのディスカッションでもそうですが、カンバセーション（会話）でも、参加者は等しくコミュニケーションに貢献することが求められます。もっぱら話す人ともっぱら聞く人に二分された構造の一方向のコミュニケーションではなく、双方が話したり聞いたりするためのターンテーキング（話者の交代）が頻繁に起こる双方向のコミュニケーションにより話題への理解が深まったり、相乗効果が発揮されると考えられています。また、そのほうが個人個人の意見が尊重されますし、コミュニケーションから得られる満足感や楽しさが増すと信じられています。

また、人間関係が上下ではなく平等で、一人一人が尊重されるべきであ

ると信じられている社会では、一人一人が平等に発言する権利が保証され、発言の義務が実行されるべきであるという考えが根底にあります。したがって、一方的に話し続ける人は他の人の権利を侵していることになりますので、極力そのような言語行動を避けようとします。大学でも先生が一方的に講義するのではなく、学生からの質問とコメントを重んじるのはその表れです。英語があまり堪能でなくても、話したいという意志をはっきり表示すれば、たいていの場合、発言の機会を与えてもらえます。発言のタイミング、発音や文法に過度に神経質にならずに、進んで発言してみましょう。意外と分かってもらえるものです。そして、相手は発言するあなたを肯定的に評価し、あなたを尊重する態度をとるようになるでしょう。

(八代京子)

[参考文献]
八代京子、町惠理子、小池浩子、磯貝友子『異文化トレーニング』三修社、1998年、pp. 102-108.

3 自己開示

> **セルフチェック**
>
> あなたは、パーティーで感じの良い同性で同年配の人に会いました。知り合いになりたいと思っています。
>
> 以下の項目についてその人に話しますか。
>
> 1. 自分の趣味について
> 2. 自分の仕事について
> 3. 自分がとても楽しい、幸せだと思った経験について
> 4. 自分の嫌いなもの(なぜ嫌いかも含めて)
> 5. 自分の最も驚いた、または、怖かった経験について
> 6. 自分が最も恥ずかしかった経験
> 7. 自分が最も大切に思っていること、または、誇りに思っていること
> 8. 自分について気にしていること、直したいと思っていること
> 9. 自分の価値観や信仰について
> 10. 自分の将来の夢
> 11. 今一番しなければならないと思っていること
> 12. 今一番したいと思っていること

私たちは、初対面の人に上の事柄についてどのくらい話すでしょうか。どの話題が話しやすく、どの話題は話しにくいでしょうか。それはなぜでしょう。おしゃべりな人もいれば、寡黙な人もいますから、かなりの個人差はあることは予想できますが、これらの点について考えてみましょう。さらに、相手が、異性であった場合、年上または年下であった場合、外国人であった場合、友達であった場合、あなたの話し方と話す内容はどのように変わるでしょうか。

自分のことを自分から相手に話すことを自己開示と言います。自分の考えていること、感じていること、好き嫌いなど何でもいいのですが、人の

ことではなく、一般的なことでもなく、自分のことを話します。それも、自分から積極的に話すことがポイントです。私たちは、自己紹介のときに、出身地や卒業した学校、勤務している会社、家族構成などを話しますが、自分にとって何が大切だと思っているかとか、何を誇りにしているかなどは、あまり話さないのではないでしょうか。でも、このような個人的なことまで話すことを自己開示といいます。

　私たち日本人には自己開示は自己主張や自慢に聞こえるので、一般的な話題を好み、気分のことはかなりあいまいな表現で済ませようとします。仲間内でのお酒の席では甘えを基盤にした本音（ほんね）の吐露はありますが、これはあくまでも内の人間関係においてです。そのような特殊な状況ではなく日常の社会生活の場で、他の多くの文化の人々は、コミュニケーションのとき日本人より自己開示をしています。世界には多くの多民族多文化の社会が存在し、そのような社会で人々が友好的な人間関係を築いていくのに自分の心を開いて伝えるコミュニケーションである自己開示が重要な働きをしているのです。

　日米の自己開示行動を調査したバーンランドは、人に知られている自分をパブリック・セルフ（公的自己）、自分しか知らない自分をプライベート・セルフ（私的自己）と定義し、日本人の公的自己は米人の公的自己より狭く、日本人の私的自己は米人の私的自己より大きいという結論を出しています。また、人にも知られていないし自分にも分かっていない自分を「未知なる自己」の部分と定義し、自己開示により公的自己を広げようとしない人は、公的自己の広い人に比べて未知なる自己の部分が大きいのではないかと言っています[1]。

　その後の研究でもだいたい同じような傾向が確認されています[2]。

　多くの文化では、自己開示は心を開いて、相手と積極的にコミュニケーションしたいという肯定的な意志の表れとして受け止められています。欧米人ばかりでなくアジアの国から来た人々からも日本人に対する次のような印象が聞かれます。「日本人は形式ばっていて、なかなかうちとけない」、「日本人はなかなか心を開いてくれない」、「閉鎖的だ」、「曖昧（あいまい）なことばかり言っていて、本当の顔が見えない」、「知識は豊富だが、本人が見えてこない」。日本人がこのような印象を与える原因は多くありますが、ひとつには、自己開示があまりなされないからだと言えます。自分のほうから積極的に自己開示できるようになるには、かなりの異文化体験が必要ですが、相手が自己開示した場合はこちらからも自己開示することが国際社会では最小限の礼儀ですから、そのようなときには自己開示するよう心がけましょう[3]。

ステップアップ エクササイズ

〈言語による自己開示〉

あなたの異性および同性の友達を思い浮かべてください。人物を特定したうえで答えてください。以下の項目に関してそれぞれどれだけ自己開示しましたか。

0＝このことに関しては全然話したことがない
2＝このことに関しては少し話したことがある
4＝このことに関しては一般的なレベルで話したことがある
6＝このことに関しては割と詳しく話したことがある
8＝このことに関してはこれ以上詳しく話せないほど話したことがある

興味・趣味・嗜好　　0　　2　　4　　6　　8
　本・雑誌など
　食べ物について

勉学・仕事
　障害・妨げとなること
　将来の夢

経済事情
　収入
　支出

性格
　自制心
　不利に思うこと
　誇りに思うこと・自慢できること
　恥・うしろめたいと思うこと

身体
　理想の外見
　適性・満足度

3　自己開示

意見・主張
　　性の規範
　　宗教

〈自己開示の輪〉

　各々の項目について、自分の自己開示の度合いを円の外側を0として、書き写しましょう。異性と同性の友達は異なる色を使って示しましょう。

　　異性＿＿＿色　　同性＿＿＿色

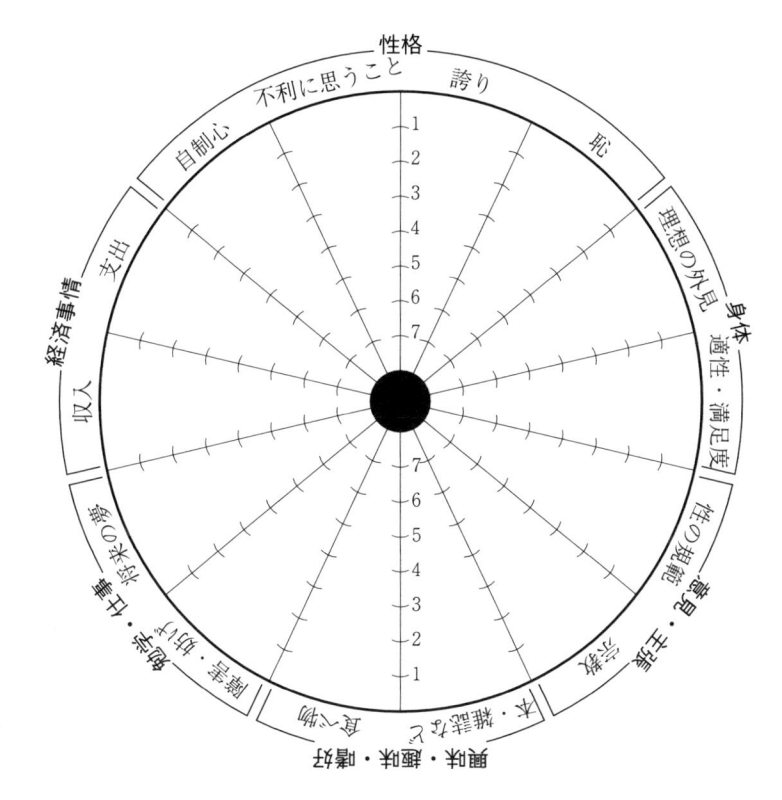

性格／不利に思うこと／誇り／恥／理想の外見／身体／適性・満足度／性格／自尊心／進学／食べ物／趣味・娯楽・嗜好／雑誌など／学校・仕事／将来の夢／収入／経済事情／支出／自制心

出典：Pusch, M. D. (Editor) *Multicultural Education*, Intercultural Press, 1979, pp. 160-164

自己開示の度合いが大きいと線は円の中心に近づくことになります。この線が公的自己と私的自己の境界線を示していると考えられます。あなたの公的自己は大きいですか、それとも小さいですか。どの分野で大きく、どの分野で小さいでしょうか。また、相手が異性であるか、同性であるかでどのような違いがありますか。

　自己開示の輪を母親、父親、夫や妻、恋人などを対象に描いてみると、もっと自分の自己開示行動について詳しく知ることができます。また、友達や家族にも同じエクササイズをしてもらい、互いの自己開示行動の似ている点や、相違点を比較するとよいでしょう。さらに、二人一組で、互いに対する自己開示度をチェックしてみるのもよいでしょう。一般に、人は相手が自己開示してくれたら、自分も同じくらい自己開示します。もし、そのようなパターンではなく、一方が一方的に自己開示している場合は、一方が他方に依存しているというようなアンバランスな人間関係にあることを示しているのかもしれません。相手との人間関係で求めているものにズレがあるのかもしれません。このように、類似や相違の原因を考えて、自分や相手に対する理解を深めていきましょう。

（八代京子）

注
1) Barnlund,D. *Public and Private Self in Japan and the United States*. Tokyo: Simul Press, 1975.
2) Asai and Barnlund. "Boundaries of the unconscious, private, and public self in Japanese and Americans: a cross-cultural comparison", *International Journal of Intercultural Relations*, Vol. 22, Number 4, 1998, pp. 431-452
3) 西田司他「国際人間関係論」聖文社、1989年、pp. 27-41

4 パラ言語

> ### セルフチェック 1
>
> 　山田さんは外資系の会社で電話係をしています。山田さんは英語が堪能で、ことばでは困ったことがありません。でも、ある日、アメリカ人の社員から電話の対応がプロフェッショナルでないとクレームが来ました。日本人社員に相談すると、「君の対応は丁寧だし、てきぱきしているし、声もかわいいし、僕は非常に良いと思うんだけどね」とその人は言います。
> 　問題は次の4つの選択肢の中にあります。どれでしょう
> 　　1．速く話しすぎる
> 　　2．遅く話しすぎる
> 　　3．声が高すぎる
> 　　4．声が低すぎる
>
> 答え：3

　一般に欧米人より東南アジアの人々のほうが男女共に声が高いようです。特に、日本人と中国人の女性の声は、そうです。CNNとNHKのアナウンサーの声の高さを比べてみてください。また、テレビのニュースなどに出てくるベトナム人男性の声は日本人男性の声より高いと感じる人は多いのではないでしょうか。

　歴史的に見ると、日本人女性の声の高さは、低くなる方向に変化してきました。テレビ放送が始まったころの女性アナウンサーの声は、現在の女性アナウンサーの声よりずいぶん高かったものです。これは、女性の社会進出と関係があると推測されます。

　以前は、女性は主に子育てと家庭とその周辺分野でしか活動していませんでした。それが、高度経済成長期以降、急速に女性の社会参加が増していきました。政治、経済、社会の問題を議論するには音程の高いかわいらしい声はなじまないのではないでしょうか。

そのようなわけで、以前に比べれば日本人女性の声の高さは下がってきましたが、それでも欧米と比べるとまだ高めです。

日本人女性の特徴として電話に出たときとか緊張して丁寧な気持ちを伝えたいときに、いっそう声が高くなる傾向があります。日本ではこれは、女性らしいとか丁寧な気持ちが表れているというふうに肯定的に解釈されます。

しかし、欧米では音程の高い声は、子供っぽい、未熟だ、精神的に不安定だなどというふうに否定的な印象を与えます。ですから、このような印象を与えたくない場合は、欧米人と話すとき、日本人女性は声を高くしないよう注意する必要があります。反対に、欧米人女性は日本人と話すとき、女性らしくない、横柄だという印象を与えたくない場合は、声を高めに話す必要があるでしょう。

いずれの場合でも、双方の声に対する文化的先入観についての知識があれば、相手に対する間違った判断を避けることができます。

セルフチェック 2

テレビ番組で洋画やアジア映画等を見るときに、音声切り替え機能の付いているテレビであれば、次のことを試してみてください。

まずは日本語吹き替えのままで登場人物たちの会話を聞いてみてください。

次に、音声を副音声に切り替えて原語で聞いてみてください。

日本語で聞いたときと比べて、話し方が随分違っていることに気がつくと思います。話し方の雰囲気が違うと、登場人物のイメージまで変わってしまうこともあります。映画だけではなく、海外ドラマやニュース番組のアナウンサー、インタビューを受けている海外の子供たちの声とその日本語吹き替え等についても観察し、次の表に記入して比較してみましょう。

原語（　　　）語	日本語吹き替え （主音声）	原語（副音声）
声の高さ		
声の大きさ		
声の出し方		
抑揚のつけ方		
話すスピード		
言葉以外に発せられる音 「あー」「えーと」 咳払い、舌打ち、笑い声		
登場人物の声の感じ		
話し方の雰囲気から受ける登場人物のイメージ		

言葉の内容が正確ならメッセージは伝わる？

「おはよう」と挨拶を交わしただけなのに「元気ないね」とか「何か良いことあったの？」などと言われたことはありませんか？　私たちは「何が」言われたかという言葉の意味そのものよりも、それが「どういう調子で」言われたかということに注目してメッセージを解釈する傾向があります。抑揚のない小さな声で「おはよう」と言うのと、大きな声で弾みをつけて「おはよう！」と言うのでは印象がまったく異なります。マレービアンによると私たちは相手に対する印象を相手の言葉の意味5％、音声特徴38％、顔の表情55％から形成するそうです[1]。非言語コミュニケーションの中で特に言語の音声表現にまつわる要素をパラ言語（paralanguage＝周辺言語や準言語とも呼ばれる）と言います。友人が早口の強い語気で文末を下げ気味

にして「もう怒ってないよ」と言ったら、あなたは本当にその友人が怒っていないとは思わないでしょう。言語メッセージとパラ言語から読み取れるメッセージに矛盾が生じるとき、私たちはたいていの場合パラ言語から伝わるメッセージのほうを信じます。

パラ言語は大きく音声性質（voice qualities）と発声（vocalizations）に分けられます[2]。音声性質には音調（声の高低）、高低の幅、速度、リズム等が含まれ、発声には笑い声、泣き声、ため息、ささやき等の音声的描写体（vocal characteristics）、声の強弱に関する音声的資格体（vocal qualifiers）、「えーと」「うんうん（あいづちを打つ時に発する声）」「あー」など会話の隙間をうめる音声的分離体（vocal segregates）が含まれます。欧米の政治家たちは演説により民衆からの信頼を得て説得する必要があるので、パラ言語を効果的に活用した話し方の訓練を受けています。イギリスの「鉄の女性」とも言われたマーガレット・サッチャー元首相は、声を低くするトレーニングを積んで首相としてのイメージ作りに取り組んだと言われています[3]。

パラ言語の文化的解釈はそれぞれ異なっているので、異文化では意図した通りに解釈されるとは限りません。日本人男性の中には特に困った様子を表すときなどに、息を吸いこむ音（「それはですねシィーッ、まことにシィーッ」）を挟みながら話す人が見られますが、日本では「困惑している」「言いづらそう」と解釈されても、他の文化では「不愉快な音を立てている」としか思われないかもしれません。また、筆者がディズニー映画の「シンデレラ」を原語で観たときは、女性の魅力的な声に関する文化差を衝撃的に感じました。というのも、シンデレラは細くて愛らしく若々しい声という予想に反し、深く落ち着きのある大人っぽい声だったのです。一緒に観た妹は「ドスがきいている」と感じたほどでした。

話すときの音声表現は言語や文化によって様々に異なり、これは第二言語を話すときにも影響を与えています。異文化コミュニケーションでは自文化と母語のパラ言語が第二言語に及ぼす影響についても考える必要があります。

第二言語を話すときのパラ言語

母語が第二言語にどのような影響を与えるかを意識しないで外国語を話していると、異文化コミュニケーションにおいて思わぬ誤解が生じること

があります。たとえばラスティグとコースターは、アラビア語を母語とするサウジアラビア人の男性が英語で話すときに、アメリカ人との間に生じる誤解について説明しています[4]。アラビア語のイントネーションでは一文中多くの単語が強調され、感嘆文では英語よりもずっと強く感情的なイントネーションが使われます。また、アラビア語話者の高めの声は感情的な意味合いを英語話者に伝えます。その結果アメリカ人は、サウジアラビア人が興奮しているとか怒っているという誤った認識をしてしまったり、単に情報を聞き出そうとしてサウジアラビア人が質問しているだけのときでも、責め立てられているかのように感じる可能性があるというのです。逆にサウジアラビア人はアメリカ人話者が怒りを伝えようとしているときに、穏やかさや楽しさの表現と間違えてしまうかもしれません。

　日本語は英語と比べると一文中の抑揚の幅が狭いので日本人の話す英語が、英語話者にとっては単調に聞こえる場合があります。単調な話し方はアメリカ人にとって冷淡さや興味の無さと勘違いされがちです[5]。日本人の話す英語が理解されにくいとき、文法や発音の正しさを心配する前にパラ言語を確認してみる必要があるでしょう。アメリカ人がよく「日本人の声はソフトボイス（soft voice）で聞き取りにくい」と言っているのを耳にしますが、発話の際の発声が不十分で音量も小さいため、普段もっと大きな音量で会話することに慣れているアメリカ人にとっては聞き取りにくいのです。また、気恥ずかしさから棒読み口調になってしまうと一文が一まとまりとして聞こえなくなってしまうため、意味がつかみにくくなるようです。「何」が言われるかということ以上に「どう」言われるかがコミュニケーションの解釈では鍵となるので、お腹からしっかりと声を出して、はっきりと強調すべき語は強調して話しているか確認してみてください。

　逆にアメリカに長く滞在していた日本人が帰国したとき、英語で話すときの声量と抑揚で日本語を話すと「押しの強い」「大げさ」「自信満々」な口調であると思われることがあります。外国人の話す日本語も同様の誤った印象を持たれることがあります。

　日本語と英語を本当に流暢に操っている人はコード・スイッチング（コードの切り替え）を行うときに、日本語で話すときは謙遜の意を含めた口調にしたり、英語のときは主体性を強めに表に出したり、と言語だけでなくパラ言語や文化も同時に切り替えていると言えるでしょう。

ステップアップ エクササイズ

外国語を話すときのパラ言語の調整

　下の表を使い日本語で友人や同僚と会話しているときのあなたの声と、外国語で話しているときのあなたの声を分析してください。できればカセット・テープに録音して聞きながら分析してみてください。さらに、あなたの話す外国語を母語としている人（ネイティブ・スピーカー）の声や話し方と比較してください。個人差もあると思いますが、言語や文化の違いから生じるあなたとネイティブ・スピーカーとのパラ言語の違いの中から、差が大きい所はどのように改善・調整することができると思いますか？

	あなたの話す日本語	あなたの話す外国語	その外国語を母語とする人	改善・調整法
声の大きさ				
音調（声の高さ）				
声の強弱				
速度				
リズム（なめらかか、ぷつぷつと切れがちか）				
抑揚（一文中の高低の幅）				

音声的分離体の使われ方とその頻度（えーと、うんうん、あー）				
音声的資格体の使われ方とその頻度（笑い声、ため息、舌打ち、息を吸う音等）				
その他				

（山本志都）

注

1) Albert Mehrabian, "Communication without Words." *Psychology Today, II* (September 1968), pp. 52-55
2) Trager, G. (1958). Paralanguage. *Studies in Linguistics*, 13, pp. 1-12
3) 御手洗昭治『異文化にみる非言語コミュニケーション』ゆまに書房、2000年、p. 70
4) Myron W. Lustig & Jolene Koester, *Intercultural Competence: Interpersonal Communication Across Cultures*, pp. 205-6
5) Ibid., p. 205

第3章
言語コミュニケーション

国際コミュニケーションというと、すぐに英語を思い浮かべます。もちろん英語力も大切ですが、それぞれの文化のことばも大切です。しかし、それよりももっと大切なことは、何をどのようにどのくらい言うかです。言い方を間違えると、ほめたつもりがけなしたことになりかねません。原因を説明しないで謝ると無責任な人間だと誤解されるかもしれません。ことばは誤解の元でもあり、誤解を解く鍵でもあります。第1節では、ほめ方の日米の違いを扱います。第2節では叱り方、第3節では謝り方を詳しく見ていきましょう。第4節では、日本人のよく用いる謙遜が他の文化の人にはどのように受け取られるのか考察します。第5節では、誘い方と断り方が文化によってどのように異なるのか見ていきましょう。それぞれの違いは異なる価値観の表れであることにも言及します。

▶ 1 ほめ方

セルフチェック 1

　私たちは普段の日常生活の中で、次のような場面ではどのように対応するでしょうか？

　①から③まで、それぞれの状況で自分がほめられたときを想定してください。このようにほめられたときに、最初に何と言って答えるのか考えてください。

① 「本当に歌がじょうずですね。すばらしかったです」（「能力」）

② 「あなたは、いつも明るく周りの人への気配りが行き届いていて、よくできた方だとずっと思っていました」（「性格」）

③ 「いつも素敵な着こなしをしていらっしゃいますね」（「趣味、趣向」）

　いかがでしたか？　このように自分の「能力」「性格」「趣向」などについて、いろいろな状況でほめられたときに、普通、日本人は一般的に何と言って答えるでしょう？

　このような場合、ほとんどの日本人は「いいえ、そんなことはありません」と謙遜して答えます。ほめられたときは、日本人は「謙虚」で「控えめ」な態度をとるのが一般的なマナーであり、自分自身を自慢するような態度はとりません。これは、日本で生まれ育ってきたものにとっては、自然なコミュニケーション行動であり、私たちが無意識のうちに学んできたものの見方であり、日本の社会の常識として、日本人であれば誰もが共有している行動様式だからです。最近の若い人は率直に「ありがとう」と応じる場合がふえてきていますが、これは相手が同年配であったときであり、先輩とか上司に対しては、やはり今でも謙遜する人のほうが多いでしょう。

それでは、文化が異なる国では、このようなコミュニケーション方法に違いがあるのでしょうか。それでは、次の質問に答えてください。

> ### セルフチェック 2
>
> 外国人の英語の先生に、"Your English is very good"（英語が本当にじょうずですね）とほめられました。さあ、あなたは何と言って答えますか？

このように外国人に英語でほめられた場合、日本人の多くは "No, no!! I don't think so. I am not good at English."（いいえ、そんなことはありません。英語はじょうずじゃないです。）などと謙遜して答える人が多いと思います。もちろん、これが日本語で答えるのであれば、別に何の問題もありませんが、英語圏の人と英語で話しているときに、つい日本語で話しているように答えてしまうと、英語圏の人々にはあまりいい印象はもたれません。英語圏の国では、ほめられたときに、このように自分を卑下したり、へりくだったりする言い方は社会的にはあまり好まれていないからです。

それでは、英語の場合は、どのように答えたらいいのでしょうか。まず、"Thank you" と答えるのが普通です。いつまでも "No, no…"（いや、そんなことはありません）と謙遜していると、せっかくの会話がうまく進まず、相手にも誤解されてしまうことになりかねないからです。日本の文化では常識と思われている「謙譲の美徳」も、文化が異なれば、同じように「美徳」として解釈されないばかりでなく、まったく違う意味にとられてしまうからです。

同じような異文化誤解は、日本人が英語圏の人をほめた場合にも起こります。例えば、日本に来てまだ日も浅い外国人がきれいな日本語を話したので「日本語が上手ですね」とほめたとします。その外国人はすぐ、「ありがとうございます」と答え、そしてさらに続けて、「実は、私の日本語が上手な理由は、アメリカの大学で2年も勉強してきましたからです。日本語の成績もずっとAでした」と堂々と答えたとしたら、皆さんはどう思うでしょう？「ほめられたときには少しは謙遜するもの」と無意識に期待している日本人にとっては、何かおかしいと違和感を覚えるはずです。

コンドンは著書の中で、文化とは個人の人生、生活に対する見方、期待のあり方、行動の仕方、その人にとって「当然」とか「常識」とか考えられるものを指すものであり、共通の文化的背景をもつ人々は、ものごとを同じように見るし、似たような行動をすると述べています[1]。

　私たちは毎日の生活体験を通して、ほとんど自覚なしに自分の文化を学んでいきます。同じ文化内にいる人にとっては、自分たちのコミュニケーション行動やその基本になっている価値観や考え方は、すべて「自然」で「当たり前」のことと見なされます。ですから、日本人であれば、ほめられたときに謙虚に答えるのは当たり前だと思っていても、これが日本の文化に特有な日本人独自のコミュニケーション行動であることを自覚している人は、なかなかいません。ここに異文化コミュニケーションの難しさがあるのです。

　日本人にとって丁寧で親切なことであると思っている行動が、文化が違えば、失礼で不親切な態度と思われてしまうかもしれないからです。自分にとって自然であると思われた考え方や行動が、実は文化の影響を大きく受けていると自覚するのは、それが「自然ではない」「何かおかしい」と思える体験を通して初めて気づくことが多いものです。

　例えば、「ほめる」というコミュニケーション行動ひとつとっても、日米を比較すると大きな違いが見られます[2]。まず、日本人とアメリカ人を比べると、平均してアメリカ人のほうが日本人よりもはるかに多くの回数ほめあっていることが分かります。また、ほめる相手もアメリカ人は、家族、恋人、親しい友人と人間関係の近いところでお互いにほめあっているのに比べ、日本人はアメリカ人よりもあまり親しくない人間関係でほめていることが分かりました。

　例えば、アメリカ人の夫婦や親子など家庭内でもお互いに頻繁にほめあいますが、これは、日本の家庭ではあまり見られない光景です。ほめるときの言葉も、多くの形容詞を使って豊富な表現方法でほめ、その人の本質にかかわる性格や考え方についても深くほめているのに対して、日本人は限られた言葉で、控えめにその人の人間としての資質にあまりかかわらない部分（趣味趣向など）でほめているようです。ほめるときも、積極的に直接的な言い方を好むアメリカ人と比べると、日本人は間接的で控えめな言い方をしていることが分かります。

　この２つの文化の異なるコミュニケーション・スタイルから、いくつか

の文化的な価値観の相違が見えてきます。まず、個人主義を中心にした、低文脈文化であるアメリカでは、コミュニケーションのあり方が「言葉」に重点がおかれ、言語コミュニケーションが人間関係を築くうえで大切な要素になっていることが分かります。より良い人間関係を維持するためにも、ほめあう、つまり言葉のやりとりを多くすることが必要とされる文化だと言えます。

　ところが、高文脈文化と言われる日本では、言語のコミュニケーションと同じくらい非言語コミュニケーションも重要であり、言葉ではなく、文脈・意味背景から情報を読み取る能力が大切にされています。より良い人間関係が成立していれば、ひとつひとつ言葉での説明がなくても、コミュニケーションは成立しやすいわけです。ですから、日本人の夫婦がお互いにほめあう回数が少ないのは、わざわざ言葉でほめなくても分かってくれるとの暗黙の了解があるからです。

　また、ほめるという行動は、大勢の中からある人に焦点を当てるわけですが、日本人のグループの中では自分だけがほめられることを嫌う人が大勢います。自分だけが目だつと気がひけると思う考え方も、日本の文化に特徴的なものです。

　人間のコミュニケーション行動の、1つのコミュニケーション・ストラテジーである「ほめる」という行動に焦点を当てて、文化とコミュニケーションの問題を考えてみました。皆さんが何げなく行っているコミュニケーション行動も、それを解釈をする人がいる限り、コミュニケーションは起きています。私たちの、話す一言一言、たった1つの無意識の行動さえも、それを解釈する人がいる限り伝わっているのだということ、文化によってその解釈の仕方が大きく異なることを考慮に入れ、自分のものの見方を広げていく努力をすることがが大切です。

（荒木晶子）

注
1）ジョン・コンドン『異文化間コミュニケーション』近藤千恵訳、サイマル出版会、1980年
2）Dean Barnlund, & Shoko Araki, Intercultural Encounters: The Management of Compliments by Japanese and Americans, *Journal of Cross-Cultural Psycology*, vol. 14 No. 3 March 1985

▶2 叱り方

まず次の質問に答えてください。

セルフチェック

（　　）の中に入る言葉を答えてください。
お母さんが泣いている幼い子供をなだめています。「健ちゃん、そんなに大きな声で泣いちゃダメよ。恥ずかしいでしょう。みんなが見ているわよ。そんなに泣いたら隣のマリちゃんに（　　　　　　ますよ）」

　（　　）の中に入る言葉は分かりましたか？答えは「笑われますよ」です。この質問は、日本人であれば、ほとんどの人が「笑われる」と答えると思います。それほどこの回答は日本人にとっては自然で当たり前のことと受け止められています。なぜなら、私たちは幼い頃から、両親や先生や周りに人たちから何回もこの言葉を繰り返し言われて育ってきたからです。私たちはこうして、幼い頃からの直接体験を通して目に見えない社会の規範である文化を学んできたのです。

　日本人にとって自然のことのように思えるこの叱り方も、文化が違えば、まったく異なったものになります。それでは、文化背景の異なる国では、子供に対してどのような叱り方をしているのでしょう。ここではアメリカ人の叱り方の例を紹介します。

　子供のしつけ方で特に日本人とアメリカ人の「叱り方」の違いに気がついたのは、私がアメリカに留学していたときのことです。幼い娘がいるアメリカ人の友人宅へ遊びに行き、私と彼女が話をしていると、彼女の娘（当時2歳くらい）がやってきて、私たちにいろいろ話しかけるのです。2歳にしてはとてもおしゃべりで、幼いにもかかわらず母親と対等に話している様子に私はまず驚きました。

　「その話はまた後にしましょうね。今はお友達と大切なお話をしているところですから」と母親に言われた娘は、その場を一度は離れましたが、数分もするとまた戻ってきて私たちの会話をさえぎって話し出すことが数回

ありました。最後にとうとう母親が2歳の娘に向かって「あなたは自分のしていることが、良いことか悪いことか自分でよく考えてごらんなさい」と言ったのです。

そのとき私は、まだオムツをしているような幼い子供にそんなことを言って分かるのだろうかと不思議な気がしました。「何かが日本と違うなぁ」と思ったのですが、それが何であるのか、そのときは分かりませんでした。

その数週間後に今度はアメリカに駐在している日本人家族の友人宅に招待されたことがありました。招待してくださった日本人の友人も一児の母親でやはり2歳くらいの男の子がいました。私と友人で話に夢中になっていると、彼女の息子がやってきて、母親のひざに乗って胸に顔をつけたり、母親の顔や髪の毛に触ったり、母親にまつわりついて、しぐさで私たちの会話をさえぎろうとするのです。「そんなことしたらダメよ」と彼女は息子に注意をしながら私と会話を続けていました。母親の注意が得られないと分かったその息子は、とうとう大声で泣き出してしまいました。そのときです。母親がこう言ったのです。「そんなに大声で泣いたら恥ずかしいでしょう。隣のキャシーちゃんに笑われますよ」

そのときです。私は数週間前にアメリカ人の友人の幼い娘の叱り方と、今、目の前で子供を叱っている日本人の子供の叱り方の違いに気づいて私はハッとしました。今まであまりにも当たり前に思っていた「そんなことをしたら誰かさんに笑われるよ」という叱り方は、日本の文化に特有のものであって、世界中に共通した叱り方やしつけ方ではないことに気づいて愕然としました。

自分の行動の善悪の価値基準を、あくまでも「個人を中心」に考えるアメリカ文化と、「他人にどう評価されるのか」を自分の行動の規範にしている日本の文化。この2つの対照的な文化の違いに気づいたことは、当時の私にとって本当に新しい発見でした。幼いうちから子供は自分の属する社会の中で、こうして確実に文化を身につけ、それぞれの文化の中で日本人は日本人にアメリカ人はアメリカ人になっていくのだと実感しました。

さて、この日本人に特徴的な「恥ずかしいでしょう、笑われますよ」という叱り方の中に、日本の社会の中で大切にされているどんな価値観が見えてくるでしょう。

日本の社会では、人間関係を重視して、その集団の一員であることが大切にされてきました。自分が他の人からどう見られているのかが、自分の

行動の規範になっているのです。和を保つためにも、自分勝手な行動を控え、周りの人に気配りをして、他の人に笑われないようにするためにも、人前で目立ったりすることを極力避けようとするコミュニケーション行動をとる傾向にあります。そして、他人と同じように行動していれば笑われることはないわけですから、当然、同質傾向で人間関係が出来あがっていきます。

　人前で発言し、他の人と異なった行動をとることを極力避けて、みんなと同じように行動することで、社会に適応していこうとする日本人の行動の中に、このような日本的な価値観が見えてきます。

　それと比べると個人主義を中心とした人間関係のアメリカでは、世界の中心はあくまでも自分自身です。個人主義の世界では、一人ひとりが異なった人間であることが基本ですから、その違いを認めたうえで人間関係が成り立っています。他人の思惑がどうであれ、まず、自分自身がどう考えているのかを最優先することを幼い頃から学んでいきます。個々人の意見や考え方が違うのは当然であり、その違いを言語化することで成り立っている社会を生きていくために、子供の叱り方も、自分で考え自分の意見を述べ、自分で行動するようにしつけているのだと思います。

ステップアップ／エクササイズ

　欧米のように、個人主義が徹底し、原理原則イデオロギーが優先される文化圏では、例えば、誰かが規則を破ったときには個人に罰金などの刑が科され、とても効力を発揮しますが、日本では罰金刑はあまり効力がないと言われています。日本でも市町村ごとにさまざまな規則や法令が決まっていますが、それを破ったとしても、実際に罰金を科すことはほとんどないそうです。しかし、日本人にとって、その罰金よりもはるかに効力があるのに「注意のしかた」があります。さて、何と言って注意をするのでしょうか？

答えは、「ご近所のご迷惑にならないようにしましょう」です。いかにも、人間関係を重んじる日本人らしい注意のしかただと思いませんか。

（荒木晶子）

▶3 謝り方

まず次の質問に答えてください。

> **セルフチェック**
>
> （　　）の中に入る言葉を答えてください。
> アメリカ人のスピーチは（　　　　　　）で始まり、日本人のスピーチは（　　　　　）で始まる。

　答えは、「アメリカ人のスピーチは（ユーモア、ジョーク）で始まり、日本人のスピーチは（謝罪、アポロジー）で始まる」です。日本人とアメリカ人を比較して日本人は謝りすぎで、アメリカ人はなかなか謝らないという話はよく耳にすることです。そしてまた、アメリカに渡る日本人には、よく次のようなアドバイスがされることが多いようです。「日本人がアメリカに行って、もし交通事故に巻き込まれた場合でも、けっして日本人に言うようなつもりで"I'm sorry"と言ってはいけない。言ってしまったら、すべてが自分の過ちのせいにされて、自分で賠償責任のすべてをとらなければならなくなる」と。

　私たち日本人はアメリカ人に比べると、そんなに謝っているのでしょうか？　日本人が日常生活でごく自然に行っている謝罪の行為が、文化背景が異なる外国人にとってどのように映るのでしょう。また、「謝らないアメリカ人」を見たときに、日本人はどんな反応を示すのでしょう。

　日本人と日本に住むアメリカ人に「典型的な日本人あるいはアメリカ人」だと思えるマナーに関するインタビュー調査を行ったコンドン（1984）によると、アメリカ人と日本人の双方に典型的と見られるマナーの中で、特に「謝罪」に関する項目について次のような回答が得られたと述べています。

　アメリカ人から見た日本人の「謝り方」に関しては、
　「日本人は、謝る必要のないことにまでいつも謝っているように見える。謝罪は時には思慮深い行為かもしれないが、成熟した大人が謝ってばかりいるのは、自分を卑下しているように見える」

また、日本人から見たアメリカ人は、
「アメリカ人は本当に自分の過失を認めるのを嫌がって、めったに謝りたがらない。たとえ自分が会議に遅れても、必ず言い訳をして遅れた理由を正当化しようとする。彼らは、相手の気持ちに気を配るよりも、自分の行動を正当化することにもっぱら関心を寄せているように見える」という回答が多かったそうです。

杉本（1997）によると、日米両国で過去30年間に発行されたマナー、エチケット、手紙の書き方などの礼儀に関する教養書の分析を行った結果、日本で発行されている教養書のほうが、「謝り方」に関する記述が圧倒的に多かったと述べています。

また、杉本は、謝り方の内容に関しても、アメリカでは、事実と背反しない限り「言い訳」や「説明」をすることが容認もしくは奨励されているが、日本では、謝るときに「言い訳は無用」とするものが多いとも述べています。

このことからも分かるように、アメリカ人と比べると、日本人は、謝ることで丸くおさまるのなら、謝ったほうが好ましいと思っている人が多く、日本人は、まず自分の非を認め、謝ったうえで相手との人間関係の修復に努めようとする場合が多いようです。ですから、何かあったときに、謝罪があったか、なかったかが大きな鍵になることが多いのです。訴訟などが起きたときも、賠償金額よりも謝罪の有無を問題にする場合が多いです。

もう何年も前になりますが、フィギュア・スケートの伊藤みどり選手がオリンピックで金メダルを逃して銀メダルに終わったときに彼女が「皆様の期待に添えなくて、申し訳ありませんでした」というコメントで会見を始めました。日本人であれば取りたてて何と言うことのないごく普通のシーンとして日本のテレビでは放映されていましたが、アメリカ人から見ると「なぜ伊藤みどりが、あそこで謝らなければならないのか」と納得がいかなかったそうです。その後、伊藤みどりさんのこのインタビューのコメントも取り入れた「日本人の謝罪」に関する興味深い特集番組がABCニュースで放送されていました。

確かに日本人が母国語以外の言語、例えば英語でコミュニケーションをする場合、日本語をそのまま直接英語に翻訳してしまうと、単なる言葉の問題ではなく、文化的な意味が理解されないことが多いのは確かです。

私もアメリカに行って間もない頃は、友人に「本当にいろいろとご親切

にしていただいて申し訳ありません」という意味でよく"I'm sorry"と使っていましたが、友人が「そんなにいちいち謝らないで。あなたは謝りすぎよ」と言われてびっくりしました。考えてみれば、そんなに謝っているつもりでなくても、「すみません」「ちょっと、失礼」などの意味でも、"I'm sorry"と言っている自分に気づき、それ以後あまり言わないように努力したのを覚えています。特に、"I'm sorry, my English is not good"（英語があまりできなくて、ごめんなさい）とよく言っていたらしく（自分では自覚がなかった）、ルームメートからもよく指摘された例のひとつです。

ステップアップ／エクササイズ

待ち合わせに遅れたとき、「お待たせしました」という気持ちを表すときに英語でなんと言いますか。

日本人であれば、「お待たせして申し訳ありません」「待たせて、ごめんなさい」ですので、"I'm sorry to have kept you waiting"と答える人が多いと思います。もちろん、アメリカ人で"I'm sorry"を使う人もいますが、アメリカでは、"Thank you for waiting"（待っててくれて、ありがとう）と言う人が圧倒的に多かったのを覚えています。

また、アメリカの空港などでも飛行機の出発時間が遅れたときに、「お急ぎのところをご迷惑をおかけして誠に申し訳ありません」と日本語でアナウンスされた部分が、英語では、やはり、"Thank you for waiting"とアナウンスされていて、やはり文化パターンの違いを感じました。

杉本（1997）は、日米の教養書の比較の結果、過失（この場合、飛行機出発の遅延）について言及する場合は、日本では、相手に与えた被害の程度について言及する例（この場合、せっかくのご旅行中にご迷惑をおかけして）が多いのに対して、アメリカの教養書では、こういった状況内でもポジティブな面を強調する例（お忙しい中を待ってくださる皆さんのご協力に感謝いたします）が目立ったと述べています。

「謝る」というコミュニケーション・スタイルひとつ見ても、その話された言葉そのものではなく、その言葉からは見えにくいその言葉の裏にある

「文化的な意味背景」を理解することは、やさしいようで難しいものです。文化が私たちの気づかないコミュニケーション行動のひとつ ひとつにこんなにも大きな影響を与えているのです。

(荒木晶子)

[参考文献]

Naomi Sugimoto, *Japanese Apology Across Disciplines*, Nova Science Publishers, Inc., 1999

Barnlund, D. C. & Yoshioka, M. Apologies: Japanese and American Style. *International Journal of Intercultural Relations*, 14, pp. 193-206

John. C. Condon, With Respect Japanese, Intercultural Press Inc., 1984, pp. 36-38

杉本なおみ「謝り方の日米比較研究——問題点と今後の課題」『異文化コミュニケーション』異文化コミュニケーション学会(編)No. 1、1997年

▶ 4 自己紹介

セルフチェック

ある研究会で中国人の研究者が自己紹介のとき、次のように言いました。あなたはこの人のことをどう感じますか。各項目に5～1の段階で答えてください。

「私は馬○○と申します。私は1995年に○○大学の博士課程を卒業しました。○○大学の博士課程は北京大学よりも歴史が古く、立派な研究者を多く出しています。私は○○○○○というテーマで博士論文を書きました。…」

大変そう思う＝5　　そう思う＝4　　どちらとも言えない＝3
そう思わない＝2　　全然そう思わない＝1

遠慮深い　　　　　（　　）
謙虚　　　　　　　（　　）
自信がある　　　　（　　）
自己主張が強い　　（　　）
自慢している　　　（　　）
はっきりしている　（　　）

　自己紹介のとき、日本人だったらどのように言うでしょうか。自分の出身校が、国でトップだと言われている大学よりも権威がある大学であるというようなことは事実であったとしても、けっしてそうは言わないでしょう。自慢していると思われたくないからです。日本では、謙遜する事が美徳とされていますから、自分の業績について開けっぴろげに述べる事は憚(はばか)られます。また、「穂は実るほど頭を下げる」ということわざがあるとおり、偉くなれば偉くなるほど謙虚であることが良しとされます。

　ところが、欧米や中国では自己紹介のとき、謙遜する事はあまり良い事とはされていません。自分の業績は業績として正確に伝える事が歓迎されます。それはけっして自慢している事にはなりません。むしろ、自分の行

動に自信と責任感がある堂々とした態度の表れと肯定的に受け止められます。自分が成し遂げた事をはっきり言わないと何か後ろめたい事があるのかとか、裏があるのかと疑われる可能性すらあります。もちろん、大したことでもないのに大げさに言ったり、必要以上に饒舌に自慢したりする事は嫌われます。

　さて、日本人がよくする謙遜はどのように欧米人やインド人に受け取られるでしょうか。多くの場合、「自分は能力不足だ」とか、「まぐれで入賞した」などの謙遜は、自分のことが良く分かっていない、自信がない、いい加減な気持ちで話しているなどと否定的に受け取られる危険性があります。相手によって謙遜の受け止め方が異なることを知ったうえで自分の意図しない印象を相手に与えないよう気をつけましょう。

ステップアップ　エクササイズ

次の状況で、あなたはどのように答えますか。
① オーストラリア人の知人から自分が作った手料理をほめられたとき。

② 会社または学校の先輩から自分が作った手料理をほめられたとき。

●解答例
① どうもありがとう。気に入ってもらえてうれしいです。最近、腕が上がったと家族にも言われます。
② いいえ、いいえ、まだまだ未熟で。でも、お料理気に入ってもらえてうれしいです。

（八代京子）

[参考文献]

Barnlund, Dean. *Communicative Styles of Japanese and Americans*. Belmont: Wadsworth, 1989.

5 誘い方と断り方

> **セルフチェック**
>
> 同じクラブのフランス人留学生に「飲みに行こう」と誘ったら次のような答えが返ってきました。あなたはこの人のことをどう感じますか。
> 各項目は5～1の段階で答えてください。
>
> 「行けません。急に言われても困ります。もっと早く言ってください。私は予定がいっぱいです」
>
> 大変そう思う＝5　　　そう思う＝4　　　どちらとも言えない＝3
> そう思わない＝2　　　全然そう思わない＝1
>
> 遠慮深い　　　　　（　　）
> 友好的でない　　　（　　）
> 自信がある　　　　（　　）
> 自己主張が強い　　（　　）
> 自慢している　　　（　　）
> はっきりしている　（　　）

　私たちは、友達に誘われて、断らなければならないときは、できるだけ申し訳ないという気持ちを伝えようとするでしょう。「ごめんなさい、行きたいんだけれど…ちょっと予定が…」に類した表現が使われるでしょう。謝ったり、ぼかしたり、何とかはっきり断りを言うのを避けようとします。「もっと前に言ってくれ」というように相手を責めるような表現は、かなり親しい中でもなかなか言えません。

　欧米人と日本語で話しているとき、「そんなにはっきり言わなくてもいいのに。こちらの気持ちも考えてほしい」と感じることがよくあります。それは、日本人の場合、相手や周りの人々の気持ちを配慮するのが当たり前であるのに対して、欧米人の場合、自分の意志をはっきりと相手に伝えることのほうが当たり前とされていることが多いのです。相手や周りの人々

の気持ちにまったく関心がないと言うのではないのですが、まずは自分の気持ち、考えをできるだけ相手に正確に伝えることを重視します。このフランス人留学生も特に自己主張が強いわけではありません。日本的なコミュニケーション・スタイルを使っていないだけです。

　日本人は聞き手への配慮を重んじるのに対して、このケースのフランス人は自分への配慮を重んじていると言えるでしょう。日本では、古くから周りの人々に配慮し、自分は遠慮すること、相手の迷惑にならないように対立を避け、曖昧な表現を用いることが良しとされてきました。その結果、自分の気持ちをストレートに言うことは避けられるようになりました。また、自分の考えを理論的に述べ、積極的に相手を説得するようなコミュニケーション・スタイルは発達しませんでした。むしろ、曖昧な表現を繰り返し、情緒的に自分の気持ちを訴え、相手に察してもらうコミュニケーション・スタイルが発展しました。

　日本人が曖昧な表現を好むようになったのは、狭い国土に多くの人々が暮らしているので、わがままを言っていると対立やけんかが絶えないためだという人がいます。また、多民族国家でないので、人々の価値観や感じ方が似ていて、曖昧な表現でも分かり合えるのだという指摘もあります。その他、仏教的価値観では、私欲を持つ事は悪い事、したがって、自己主張することはいけないと教えられているからだという説明をする人もいます。いずれの説明も一理あると思います。

　これに対して、はっきり自分の気持ちや考え、情報を相手に伝える事を重視する社会にはどのような特徴があるのでしょうか。一般に、多民族社会が多いようです。アメリカ、フランス、中国などは多民族国家です。宗教的にも多様な国が多いのです。多民族社会では、それぞれの民族で歴史が異なりますから、必然的に言語、習慣、宗教なども異なります。このような社会では自分の考えや気持ちを相手が察してくれる事を期待していると誤解されることが多いわけです。そこで、人々は、自分の考えや気持ち、状況をできるだけ正確に表現し、相手に分かってもらえるよう努力する必要があります。したがって、誤解されないようにことばを尽くし、論理的に、明確に、直接的に表現する傾向があります。また、同時に、相手の話をしっかり聞くよう努力しなければなりません。このような社会では人は、自分で自分のことをしっかり伝える義務があると意識しています。つまり、周りの人の察しや思いやりに頼るのではなく自分が自分に責任を持って存

在しているという認識に基づいて生きているわけです。コミュニケーション・スタイルもこの価値観を反映していると言えるでしょう。

それぞれのコミュニケーション・スタイルに優劣はありません。曖昧なコミュニケーション・スタイルも明確なコミュニケーション・スタイルもそれぞれにちゃんと適した文化があります。文化背景の異なる人と話すときには、誤解されないように、また、誤解しないように相手のコミュニケーション・スタイルを考慮に入れて自分の話し方と聞き方を調節することが大切です。

ステップアップ　エクササイズ

次の状況で、あなたはどのように答えたらよいと思いますか。

① アメリカ人の友達からコカコーラをすすめられたが、自分はコカコーラが嫌いなとき。

② 日本人の友達からコカコーラをすすめられたが、自分はコカコーラが嫌いなとき。

●解答例
① ごめん、コカコーラあまり好きじゃないの。
② どうもありがとう。（いったん受け取るが、飲まないで、置いておく）

（八代京子）

[参考文献]
八代京子、町惠理子、小池広子、磯貝友子『異文化トレーニング』三修社、1998年、pp. 81-120

第4章
非言語コミュニケーション

非言語による情報は、言語による情報よりもインパクトが大きいと言われます。外国語を学んだ人でも、非言語まで学んだ人は少ないので、文化背景の異なる人とのコミュニケーションでは、非言語コードを読み違えたり、意図しない非言語コードを使ってしまうことが多くあります。第1節では、表情を扱います。表情は万国共通だと思っていませんか。そうではないのです。日本人は西洋の人からも東洋の人からも表情が曖昧だと言われます。第2節では、アイコンタクトを扱います。「目は口ほどにものを言う」と言いますが、口以上に影響力があります。第3節では、いろいろな文化のしぐさとジェスチャーを紹介しますので、それぞれの意味を当ててみましょう。第4節では、タッチング（接触行動）をタブー視するのではなく、コミュニケーションの大切なチャンネルとしてとらえます。乳幼児はタッチングによるコミュニケーションに大きく依存していることを思い出しましょう。第5節では、空間と対人距離が大切な情報を伝える手段として使われていることに気づいてもらいます。第6節では、時間の使い方でいろいろなメッセージが伝達されていることを紹介します。約束の時間に30分遅れてきたのに詫びの一言もない人のことを、あなたならどう感じますか。

▶ 1 表情

セルフチェック 1

次の表情はどのような感情を表していますか。下の1〜6から選んで（　）に示しましょう。

（　）　　（　）　　（　）　　（　）　　（　）　　（　）

1．よろこび　　2．悲しみ　　3．怒り　　4．驚き
5．嫌悪　　　　6．恐れ

　上の表情を人の基本表情と言います。これらの表情は全人類共通です。進化論を提唱したダーウィンは感情の表情による表現は生まれながらに人に備わっているものであると主張しました。その後、エクマンや、フリーセンの研究で上の6つの表情は民族、文化に関わりなく、すべての人々によって理解されることが明らかにされました。しかし、エクマン等は、文化によって何時このような表情を表してよいかルールが決まっていることも明らかにしました。実際には、文化的な規制が顔の表情の表し方に大きな影響力を及ぼしています。

　たとえば、過去において日本では、結婚式のときに花婿と花嫁がとてもうれしそうにニコニコすることは、あまり良いこととは思われていませんでした。最近は、そうではありませんが、20年前頃までは確実にそうでした。それ以前は、花婿は真剣な表情、花嫁は悲しい表情を保つのが良いとされていました。その頃は、結婚というものは、花婿の家に花嫁が入るということだったので、花婿は威厳を、花嫁は実家を離れる悲しみを表現していたのです。でも、今では、欧米の習慣と同じように愛し合う二人の喜

びを率直に表現できるようになりました。

「笑い」あるいは「ほほえみ」は、東洋では、うれしいときやおもしろいときばかりでなく、様々な場面で使われます。「夫がなくなりました」とほほえみを浮かべて言う日本人に西洋人が不信に思ったという話はよく知られています。この日本の夫人は自分の悲しみを相手に押しつけたくなくて、ほほえんだのですが、西洋人はこの夫人が夫の死を願っていたのかと疑ってしまったのです。

また、このような例があります。あるアメリカ人上司がベトナム人の部下に仕事上のミスを指摘し、叱責し、さらに、今後のミスを回避する方法を説明しました。アメリカ人上司は、「以後気をつけます」という返事を期待していたのに、ベトナム人部下は、無言でニヤリと笑ったのです。これにカッとなった上司は大声を上げ、以後二人の関係はもとに戻りませんでした[1]。これは、ベトナム文化における笑いをアメリカ人上司が分かっていなかったために起きました。ベトナム人は、感謝するとき、うれしいとき、困惑したとき、怒ったとき、脅すとき、照れたときなどに笑います。欧米人でも、楽しいときばかりに笑うというわけではありません。ピエロの悲しいスマイルもあります。しかし、東洋に比べると笑いの使われる範囲がうれしいときや楽しいときに限定されていると言えます。

欧米の人々に比べると日本人は人前であまりはっきりと表情を表しません。アジアの人々と比べても、日本人の表情は控え目です。特に、怒り、疑い、くやしさのような否定的な表情を表さないように注意しますが、楽しさ、愉快さなどの表現も控え目です。本当に気のおけない親しい人の前では、それほどではありませんが、知り合いや職場の人前では特に気を遣い、どんなときでも温和な表情を維持しようと努めます。ところが、欧米人は、日本人と比べると気持ちを表情で表現することにそれほど規制がありません。話していて疑問に思うことがあると、疑いの表情をし、すぐに質問してきます。怒りを感じたときは怒りを表現し、相手にその理由を話します。そして、相手の反応や説明を聞いて納得するとうれしそうな表情をします。日本人と比べると実に、表情が率直で豊かです。欧米人から見ると、日本人のいつも温和な表情は多くの場合、表情が乏しい、どのように感じているか分からないということになります。これが曖昧な言語表現や長い沈黙とともに生じるので、好意的に見れば神秘的、あまり好意的に見ないと不気味ということになります。

最近では、日本人も以前に比べれば表情が豊かになっています。特に、若い人々はその傾向があります。これから、今まで以上に日本国内でも多くの異なる文化からの人々と共に生活し、学び、仕事をするようになるのですから、これは良い傾向です。コミュニケーション上とても有効で大切なチャンネルである表情を豊かに用いることは、誤解を減らすのにきっと役立つでしょう。

セルフチェック 2

次のイラストの感情を表すことばを下の1～6から選んで（　）に記入しましょう。

どの表情が分かりやすいですか？　分かりにくいのはどれですか。他の人の結果と比較してみましょう。

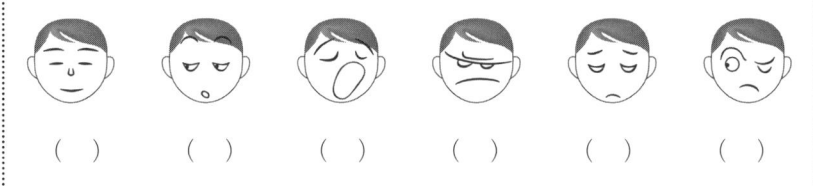

（　）　　（　）　　（　）　　（　）　　（　）　　（　）

1．たいくつ　　2．嫉ましい　　3．がっかり　　4．平安
5．イライラ　　6．好奇心

（八代京子）

[参考文献]
マツモト、デヴィッド『日本人の感情世界』誠信書房、1996年
Matsumoto, David. *Culture and Psychology.* Wadsworth Thomson Learning, 2000.

注
1) Neil L. Jamieson: *Understanding Vietnam* University of California Press, 1993. pp. 75-76

2 アイコンタクト
―― 相手をどれくらい見つめてもいい？

セルフチェック 1

　自分が普段どのような状況で、どれくらい相手の目を見て話しているか振り返って、下の各項目に当てはまるものを次の1～5から選んでみましょう。

　1．相手の目をじっとよく見る　　2．相手の目を普通に見る
　3．どちらでもない　　　　　　　4．相手の目をあまり見ない
　5．相手の目を全然見ない

・先生から怒られているとき　　　　　　　　　　　　（　）
・とても仲の良い友人と話をしているとき　　　　　　（　）
・授業を聞いているとき　　　　　　　　　　　　　　（　）
・上司（あるいは先生）から何かを指示されているとき（　）
・初対面の人と世間話をしているとき　　　　　　　　（　）
・年下の人（あるいは目下の人）に何かを命じているとき（　）

　また、それぞれの状況で反対の行動（例えば「5．相手の目を全然見ない」が答えだった場合「1．相手の目をじっとよく見る」）をすると、どのように相手に解釈されるかも考えてみましょう。

セルフチェック 2

　次の1～2と3を行って、①と②の各項目に答えてください。
1．誰か自分のパートナーを選びます。
2．その人と向かい合って何か話をしながら、その人の目を30秒間見つめつづけます。

①　このとき、どのような気持ちがしましたか。また、それはどうしてですか。

②　自分のパートナーにどう感じたか聞いてみます。

3．反対に相手の目を2秒だけ見て話をします。同じように①と②をやってみましょう。
①

②

　どうでしょう。やってみて、いろいろ感じたことがあるはずです。普段無意識のうちにやっている「相手の目を見つめる」動作。これは「アイコンタクト」と呼ばれ、実は重要なノンバーバル・コミュニケーションのひとつなのです。つまり、どのような状況で、どれだけ相手を見るか、あるいは見ないかということもメッセージとなりうるのです。ある人からじっと見つめられると「あの人、もしかして私に気があるのかも」と思ったり、「生意気だ」と思ったりすることがあります。このアイコンタクトが原因で異文化コミュニケーションがうまくいかないことがあったりするのです。
　アイコンタクトも文化によって意味が違ってくることがあります。ある文化で適切だと思われるアイコンタクトが他の文化では長すぎて、あるいは強すぎて失礼になってしまったりすることもあるのです。
　また反対に自分が期待しているよりも短いアイコンタクトだと、相手は自分に興味がないと解釈してしまいがちだとも言われています。他人から叱られているとき、相手の目を見ないということは日本ではよくある光景です。頭を下げて申し訳ないという気持ちを表しているのですが、これが所変われば「何かを隠しているのではないか」と疑われてしまうことにな

ることがあります。せっかく反省していることを示しているのに疑われてしまう、という結果になってしまうのです。

　また、反対に、叱られているとき誠意を見せるために相手の目を見なければならないと教えられてきた文化から来た人が、しっかりと日本人上司の目を見つめつづけたために「反省の色がない」と判断されてしまったというケースもあります。やっかいなのは、そのとき両者が事の原因がアイコンタクトにあるということに気づかずに過ぎてしまっていることにあります。

　このように、自分の、そして自分の属している文化のアイコンタクトに関する常識を知り、それから相手のそして相手の属している文化のアイコンタクトに関するルールを知ることは大切なことです。

ステップアップ／エクササイズ

　外国の映画やテレビドラマを見ているとき、登場人物のアイコンタクトに注目してみましょう。アイコンタクトは日本と比べて強いですか。それとも弱いですか。長いですか、短いですか。またどんなときにアイコンタクトをして、どんなときにアイコンタクトをしないのか観察してみましょう。字幕で見ているときは、そこまで見るのが難しい場合もあるので、一度見たものをもう一度見てみると、はっきりわかるでしょう。その後、日本の映画やドラマを見ているときもアイコンタクトに注目してみると、おもしろいでしょう。

（コミサロフ喜美）

▶3 しぐさとジェスチャー
──非言語メッセージとしての身体動作

　顔の表情、身振り、手振りなどのしぐさ。それらは、コミュニケーションの手段として、時には、異なる文化の人々同士でも大変有効に使えます。互いに言葉が通じなくても、動作、目つき、表情、立ち居振舞いなどを意識的に使うことによって意思疎通はある程度できるものです。「ボディ・ランゲージ」と言われるゆえんです。私たちは、たいてい言葉のほかに、身体の各部分を使って自分の意思や感情をメッセージとして伝えあっています。

　しかし、文化を超えて共通に使えるものと、そうでないものとがあり、しばしば誤解が起こったり、意味不明に陥ったり、さらには、互いの気持ちの衝突が起こる原因にもなります。

　たとえば日本人がよく使うジェスチャーで、文化の違う人には意味が通じにくいものには、次のようなものがあります。

・お猪口を持つしぐさ　　　　「一杯、どう？」
・顔の前で片手で拝む　　　　「お願い！」
・両手首を交差させて、ダメ　「バツ！」
・手の平を下に向けて動かす　「おいで」
・小指を立てる　　　　　　　「彼女」

セルフチェック 1

　あなたのジェスチャーが誤解されたり、相手に伝わらなかったことは、ありますか。それは、どんなときですか？

●解答例
　アメリカ人にこっちに来てもらおうと手招きをしたら、「バイ！」と立ち去られてしまった。

セルフチェック 2

　いままで、相手のジェスチャーの意味が分からなかったことはありますか。それは、どんなジェスチャーでしたか。

　あとで、本当の意味は分かりましたか。それまでのあいだ、あなたはどんな気持ちでしたか。

○はてな？
○不快
○愉快

ステップアップ　エクササイズ

　文化を超えたとき注意しなければならないジェスチャーがあります。次のようなジェスチャーにはどんなものがあるでしょうか。

① 同じジェスチャーでも文化によって意味の異なるもの

② 他の文化圏では意味の分からないジェスチャー

③ 文化によってタブーになるジェスチャー

●解答例
① 人さし指と親指で輪を作るジェスチャーが、アメリカでは「ＯＫ」、フランスでは「ゼロ」、日本では「お金」。
　人さし指で目の下を触るジェスチャーが、日本では「アッカンベー」、フランスでは「うそ」「用心しろ」、オーストラリアでは性的な誘惑。

② 中国で「テーブルを指でトントンとたたく」はありがとうの意味。
③ 日本で、「お金」を意味する人さし指と親指で輪を作るジェスチャーが、ブラジルでは「卑猥」。

ジェスチャーについて

　意図的に行うノンバーバルな身体動作を一般にジェスチャーと呼びます。
　ほぼ世界的に多くの人に無理なく意味が通じるジェスチャーもあれば、限られた地理的・文化的範囲内でしか使えないジェスチャーもあります。社会の決まりごとや習慣の中で発達してきた、いわば社会的なジェスチャーは、言語と同様、生まれつきというより、学んで身につけるものが相当あります。
　厄介なことに、似たようなジェスチャーが文化を超えるとまったく違う意味になることがおうおうにして起こります。相手の送るサインやシンボル、そして、ジェスチャーが理解できない、あるいはその微妙なニュアンスが分からないとなると、なかなか人間関係が作れなかったり、仕事などがうまくいかなかったりします。なお、言語そのものとしてのジェスチャーには、耳の不自由な人々のための手話（サイン・ランゲージ）があります。世界には様々な手話の形態が存在し、それぞれの地域で使われています。
　ここでは、ジェスチャーを便宜上、表象（エンブレム）、例示動作（イラストレーター）、調整（レギュレター）に分類しておきましょう。

1）表象（エンブレム）

　意識的に使われ、同一文化圏では、共通の意味を持つ身体動作です。しかし、異なる文化間では、別の動作になることもあり、さらに、ひとつの動作が別の文化圏ではまったく異なった意味を持ったり、さらには、タブーであることさえあります。
　〈例１〉お金
　アメリカやヨーロッパでは、親指とそれ以外の指をすり合わせる（お札を数える動作）。
　日本では、親指と人さし指で輪をつくる。（硬貨を表す）
　この動作は、多くの国や地域では、「OK」の意味を持ちます。ただし、「ゼロ」や「穴」を意味する地域も数多くあり、ブラジルでは、タブー表現

になっています。

〈例2〉恋人・愛人

日本や韓国では、小指を立てますが、これはインド・スリランカでは、「トイレに行きたい」という意味になります。

世界的によく知られていて、通じやすいジェスチャーには、Vサイン（チャーチルが勝利シンボルとして使った）や、唇に人さし指を当てて「静かに」を表すなどがあるでしょう。

2）例示動作（イラストレーター）

たいてい言葉とともに使われ、意味を強調したり、描写します。
〈例〉
- 「こーんな、大きな魚だったよ」と両手を広げる
- 「ほんの少し」と、親指と人さし指を互いにかすかに合わせる
- アメリカ人が、特定の言葉を際立たせたいとき、クォテーションマークに入れる意味で、両手で行うチョキに似たサイン

3）調整（レギュレーター）

相手の行動を調整したり、制御したりします。
〈例〉
- 視線
視線を合わせることによって相手の話を促す、あるいはさえぎる
（視線を合わせること自体が好ましくないとされる文化もあります）

- うなずき、あいづち

（樋口容視子）

［参考文献］

デズモンド・モリス「マンウォチング」小学館、1977年
金山宣夫「世界20ヵ国ノンバーバル事典」研究社、1983年

▶ 4 タッチング

セルフチェック

あなたは14歳のときから今までの間で、次の人々からあなたの身体のどの部分をタッチングされましたか。右の図の番号で答えてください

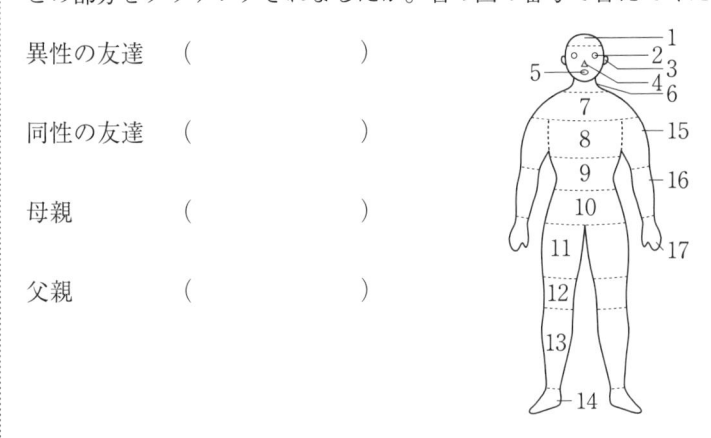

異性の友達　（　　　　　　）

同性の友達　（　　　　　　）

母親　　　　（　　　　　　）

父親　　　　（　　　　　　）

　ここに1975年のバーンランドの調査結果を示します（次のページの図参照）。自分の結果と比較してみてください。この調査では、男女同数の日本人学生120人、アメリカ人学生120人を対象に行われました。色が濃い部分ほどタッチングがあったと報告した人の数が多いのですが、白い部分は0〜25％の人からしかタッチングがあったという答えがありませんでした。この調査結果を見ると日本人のほうがアメリカ人よりタッチングによるコミュニケーションが少ないことがよく分かります。アメリカ人のほうが日本人よりタッチングする部位も広いこともよく分かります。同じ日本人でもあなたと70年代の人たちとはどのように違うでしょうか。比較してみましょう。

　触覚によるコミュニケーションは人間にとっては基本的なもので、生まれたばかりの赤ちゃんは目は見えなくても握る力は予期しないほどしっか

	異性の友達	同性の友達	母親	父親

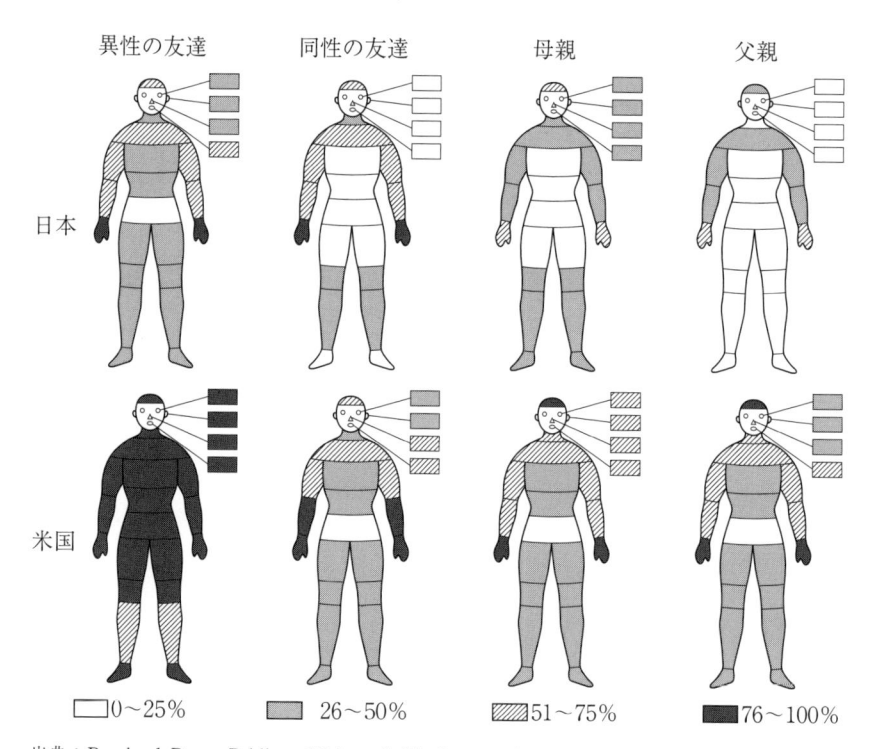

日本

米国

□ 0〜25%　　■ 26〜50%　　▨ 51〜75%　　■ 76〜100%

出典：Barnlund, Dean. *Public and Private Self in Japan and the United States.* Simul Press, 1975. p. 107

りしています。赤ちゃんは手を握り返されることやだっこされることで安心します。幼児期の肌と肌の触れ合いによるコミュニケーションは幼児の健全な心身の発育に欠かせないものの一つです。

　日本では、幼児と母親や父親などの世話をする人との間の接触は頻繁です。欧米では親が添い寝することも、一緒にお風呂に入ることもありませんので、皮膚接触は日本よりかなり少ないと言えます。ところが、日本では、小学校に上がると、タッチングが急速に減っていきます。「もう赤ちゃんじゃないのだから」と家庭でも、学校でもタッチングを抑制する方向で指導します。そして、小学校高学年になるとタッチングによる日常的なコミュニケーションはほとんどなくなります。思春期を迎えるとタッチングは性的な行為と同一視されがちで、ますます避けられるようになります。これは、儒教や仏教の影響だと思われます。

一方、欧米では、挨拶のときの握手、抱擁、接吻といったタッチングを伴う行為が社会的行動として日常生活の中で維持されます。また、その他、肩に手を置くというような接触を伴うコミュニケーション行動が自然な行動として受け入れられています。もちろん、相手に不快を与えるような接触行動は許されていません。

　タッチングというコミュニケーション・チャンネルを厳しく制限された日本文化に育つと、抱擁や接吻を伴う欧米の挨拶行為に慣れるのは大変です。でも、いったん慣れると、タッチングを伴わないお辞儀による挨拶は何だか冷たく感じます。また、泣き悲しんでいるときに肩を抱いてなぐさめてもらうと、ずいぶん気分が楽になります。善意と好意から出るタッチングは温かさと安心感を与え、親密度を高めてくれます。一方で、殴る、蹴る、傷つけるというような接触を伴う行為は、悪意や否定的な感情から発しており、相手を深く傷つけることも忘れてはなりません。相手に苦痛を与える接触は人間関係を阻害します。セクハラ行為が犯罪だと言われる所以(ゆえん)です。タッチングによるコミュニケーションのインパクトは強烈です。それだけに、良い方向に使えば、友好的で良い結果が得られると言えます。

　バーンランドの研究からも分かるように、日本人はタッチングによるコミュニケーションをあまりしません。そのためでしょうか、外国の人々は日本人は形式を重んじ、堅苦しく、自然でないという印象を持つことが多いようです。他のアジアの文化と比較しても、日本人は接触をコミュニケーションのチャンネルとして使っていないようです。たとえば、タイでは挨拶として合掌しますが、このとき合掌の指の先を触れ合います。また、中国人はお辞儀をするよりは握手をして挨拶します。これからは、いろいろな文化背景を持つ人々と共に生活していく機会が増えますから、日本人もタッチングというコミュニケーション・チャンネルを効果的に使っていけるようになるといいのではないでしょうか。

（八代京子）

[参考文献]

Barnlund, Dean. *Public and Private Self in Japan and the United States*. Tokyo: Simul Press, 1975.

▶ 5 空間と対人距離

> ### セルフチェック
>
> 次の①〜③のような状況で、あなたが居心地悪く感じる順に数字を並べてください。
>
> ① クラスメート（同僚）と仕事の打ち合わせをしている
>   1．お互いの間に5メートルくらいの距離がある
>   2．お互いの間に30センチくらいの距離がある
>   3．お互いの間に70センチくらいの距離がある
>   4．お互いの間に1.5メートルくらいの距離がある
>   （　　　　　　　　　）
>
> ② すし詰め状態の電車の中で
>   1．周りは知らない人ばかり
>   2．あなたの横は近所の知人
>   3．あなたの横は同性の友達
>   4．あなたの横は母親
>   （　　　　　　　　　）
>
> ③ 先生（上司）に叱られるときの位置関係
>   1．机をはさんで両者が向き合っている
>   2．両者の間に何もなく、腕を伸ばしたら届く距離で向き合っている
>   3．横並びになって、両者とも同じ方向を向いている
>   4．先生（上司）は机の後ろ、あなたは机の横の端に立っている
>   （　　　　　　　　　）

●**解答例**（多いと思われるものを例示しました。したがって、正しいとか間違っているということではありません）
　①1，4，2，3　　②2，3，4，1　　③2，3，1，4

5 空間と対人距離

　人と人とがコミュニケーションしているときの二人の間の距離を対人距離といいます。ホールはアメリカ人の対人距離を研究した結果、大きく分けて4つに分類しました。密接距離（0～45cm）、個体距離（45cm～122cm）、社会距離（122cm～366cm）、公衆距離（366cm～762cm）の4つです。
　密接距離は恋人、親と幼児のような非常に親しい間柄の距離です。タッチングによるコミュニケーションが多い距離です。密接距離では話されることばは単語レベルか非常に短い文で、ささやきやつぶやきのように発音が不明瞭であっても相手に意味が通じます。感情を伝達するには良い距離ですが、理論的な話には向きません。
　満員電車ですし詰め状態になったときのように親しくない人間と密接距離になったときは、非常な不快感が生じます。日本人は、まったくの他人とのすし詰め状態のほうが知人とのすし詰め状態より気が楽なようです。これは、相手が知らない人の場合、相手との接触に無関心を装うことができるからでしょうか。それに対してアメリカ人は知人とのすし詰め状態のほうが知らない人とのすし詰め状態より耐えられるそうです。でも、アメリカのすし詰め状態は、日本のすし詰め状態ほどに込んだ状態ではありません。
　個体距離は、友人と個人的なことを話しているときの距離です。ボディーバブルとう表現を使うこともあります。リラックスでき、声も普通の高さです。たいてい2人でコミュニケーションが行われ、他人が割り込みにくい雰囲気を作ります。発話は思いつくままに自然になされるため、文章はかなり長く、複雑になることもありますが、文末の省略が頻繁に起こります。また、言い直し、繰り返し、言いよどみなどが起こりますが、気になりません。ことばは、です・ます調ではなく、体言止めや終助詞が多く用いられます。親しい会話ができる距離です。
　社会距離は、机を囲んで座りミーティングをしているときの距離です。お茶を飲みながら友達3、4人で雑談しているときの距離もそうです。会話のしやすい社交的な距離といっても良いでしょう。声は個体距離のときよりやや大きめで高めになります。ことばの丁寧度はグループの人間関係とミーティングの目的によってかなりの幅があります。仕事上のミーティングのときは、理論的な話し方になるでしょう。
　公衆距離は講演者と聴衆の間の距離、大教室での先生と生徒の間の距離

です。この距離では会話は成り立ちません。話者は丁寧なことばを用い、あらかじめ考えて準備した事柄を話します。講演や講義が終わった後で、聞き手から質問やコメントを受けるのが一般的で、講演の途中で質問をすることはかなり難しい雰囲気です。この距離では、話者と聴衆の間に理性的な関係ができますが、温かさとか個人的な関わりを感じることは難しいと言えます。

　日常、私たちはこれらの距離を意識していません。あまりにも基本的なことなので無意識化してしまっています。でも、いったんこの常識が冒されると、不快感または不信感を持ちます。たとえば、昨日まで個体距離で親しく話していた友達が、今日は社会距離で丁寧なことばで対応したとします。あなたはきっと「変だ」と気付き、どうしてそのような態度をとるのか考えるでしょう。文化背景が異なる人の間でも対人距離の違いから生じる誤解があります。たとえば、アラブ系の人は個体距離がアメリカ人や日本人より短いので、近づいて話します。すると、近づかれたほうはなんだか相手が押しつけがましいとか、あつかましいとか不快に感じます。ところが、アラブの人からすると近づかない人は冷たいとか逃げ腰だという印象をもってしまいます。このように、対人距離はコミュニケーションに大きな影響力を持っています。

ステップアップ／エクササイズ

　２人またはグループで対人距離を測ってみましょう。次の手順でやってください。

1. 誰か自分のパートナーを選ぶ。
2. まずはかなり近寄って話をしてみる。そのときの気持ちを覚えておく。
3. 次にかなり離れて話してみる。そのときの気持ちを覚えておく。
4. 今度は心地よいところまで近づいてみる。
5. このときの距離を実際に測って、記録する。
6. 相手を変えて、２〜５の手順を繰り返す。相手は、初めての人とは年齢や性が異なるほうがいいでしょう。

7．みんなで、記録した数字を見せ合う。

　▶気付いたことを書き出して見ましょう
① 自分の心地よい距離はどれくらいでしたか。

② 上記の距離より近づきすぎたとき、どのように感じましたか。

③ また、離れすぎたとき、どのように感じましたか。

④ それぞれのボディーバブルは違っていましたか。

⑤ 相手によってボディーバブルはどのように変化するのでしょうか。

⑥ 今までの経験の中で「もしかしたら対人距離の違いが原因だったかもしれない」と思えるような出来事がありましたか。もし、あったら、詳しく説明してください。

（八代京子）

[参考文献]
Hall, E. T *The Hidden Dimension*. New York: Doubleday and Company, 1966.
八代京子、町惠理子、小池浩子、磯貝友子『異文化トレーニング』三修社、1998年、pp. 133-137

▶ 6 時間の感覚

セルフチェック

① あなたが友人を自宅での夕食に招待したとします。約束の時間は夜7時。さて、友人が何時頃来ることを期待しますか。遅くとも何時に来てほしいと思いますか。

② 反対に自分が友人の自宅での夕食に夜7時に招待されたとすると、何時に行きますか。また、何時以降だと相手に謝る必要があると思いますか。

③ 今度は午後2時に取引先との約束があるとします。場所は相手の会社。さて、あなただったら、何時に行きますか。

　ここで分かるのは皆さんにとっての時間に関する「常識」です。
　「7時といったら、7時なのでは」と、当たり前のように思うかもしれませんが、実はこの時間の感覚も文化によって違うことがあるのです。相手が自分と同じ時間感覚の持ち主であれば問題にもならないことですが、相手が自分とは違う時間感覚を持っていて、それに気づかない場合、誤解を生んでしまうことがあります。
　実際に、各国からの留学生がいるクラスで、質問①を聞いたところ答えはばらばらでした。「相手の手伝いをしなければいけないので、6時半には行くのが普通。7時に行くと、食事だけが目当てだと思われるので、失礼」

「7時15分から30分ぐらい後に行くのが礼儀。7時きっかりに行くと、もしかしたらホスト側の用意ができていないかもしれないから」「9時頃かな」などなど。(ちなみに「自分の文化では7時に夕食なんて有り得ない」という意見もありました。)

　時計が示している時間は同じでも、それをどうとらえるかについての感覚が違うことがあるのです。また、どのような状況で、誰と一緒なのかによっても約束の時間の意味が変わってくることもあります。相手の文化ではどのような時間のとらえ方をしているのか、「○時」と言われたら何時に行くのが（あるいは来るのが）、普通なのか、またそれはどのような要因によって変わってくるのか、どういう理由だと遅れても許されるのかなどを知っておくことは重要です。自分が期待した時間より相手が遅れて来たとき、すぐに「なんて時間にルーズな人なんだ」と頭ごなしに決めつけて怒る前に、相手の文化での時間の常識を理解してみましょう。(もちろん、相手の文化での常識に照らしてみても、やっぱりその人はルーズだったということもありますが。)

　また、ある時間にどうしても来てほしい場合は、こちらの期待を説明することも必要でしょう。ただ単に時間を言うだけではなく、その時間に遅れるとどういう影響があるのかまで説明しておくことは、こちらの期待を理解してもらうためにも大切です。

　ホールによると、時間の感覚には大きく分けて2つあると言っています。1つはP時間（ポリクロニックタイム）、もう一つはM時間（モノクロニックタイム）と呼んでいます[1]。P時間では、同時に多くの事が進行していき、スケジュールよりもむしろ人間関係が大切にされます。中東、ラテンアメリカ、南ヨーロッパで主に使われていると言われています。一方、M時間では一時にひとつの事を処理し、課題を遂行することや時間を厳守することが重視されるため、「時は金なり」のことわざ通り時間を無駄にすることを嫌う傾向があります。こちらは、主に北欧、米国等で使われているとされています。もちろん、その国の中で多様性があることは覚えておかなければならないことです。

　さて、日本ではどちらの感覚が使われているでしょうか。ホールによると、内部の人とのコミュニケーションではP時間が使用され、外部の人とのコミュニケーションではM時間が使用されているとのことです。さて、皆さんはどう考えますか。

ステップアップ エクササイズ

さて、あなたはある国に赴任、あるいは留学することになりました。その国の時間についての常識を理解するために何を知る必要があるでしょうか。観察すべき事も含めて考えてみましょう。

さて、何を挙げることができたでしょうか。次に例を書いておきましたので、参考にしてみてください。

- パーティーなどは何時頃行くのが普通なのか。また、パーティーの種類によって行く時間は変わってくるのか？
- 仕事関係の約束時間はいつ頃行くのが普通なのか。相手によって（目上か目下、また外部か内部かなど）で変わってくるのか？
- 遅刻した場合の有効な理由と、有効でない理由は？（たとえば電車が遅れた場合はOKだが、バスの場合は理由にならないとか、病気であればどのような症状であれば理由になるのかなど。）
- 締め切りは絶対なのか、あるいは目安なのか。絶対に締め切りを守ってほしいときには、どのようにして頼むのがよいのか。
- 電話をかけてよいのは夜何時までか。
- お礼状を書くタイミングはどれくらいか。

（コミサロフ喜美）

注
1) Hall, E. T. *The Dance of Life: The Other Dimension of Time.* New York: Doubleday & Company, 1983, pp. 41-54

第5章
価 値 観

文化の違いは、表面上はことばの違い、非言語の違い、習慣の違いに見えますが、根を探っていくと価値観の違いに行き着きます。その文化が価値のあるもの、大切なもの、変えてはならない大切なものとして信じているのが価値観です。第1節では、ことわざに表れている価値観を見ていきます。人々の間に語り継がれてきたことわざは、長い歴史を持っています。第2節では、実際にあった事例を通して文化による価値観の違いに迫ってみましょう。善意と根性だけでは価値観の壁を乗り越えることはできません。第3節では、文化人類学者のクラックホーンとストロッドベックの価値志向を紹介します。自分がどのような価値観を持っているかを調べてみましょう。

▶ 1 ことわざ

　「あの人とは価値観が違うんだから」というとき、人は、互いの壁を乗り越えることの難しさと根本的な違いを実感していることが多いものです。
　価値観は、精神文化の基盤として、ひとつの文化圏やグループで共有されています。「良い、悪い」、「正しい、間違っている」という判断や評価に関わってくるものです。価値観が違うということは、いわば判断のものさしが違うということです。
　しかし、ものさしは、けっして変わらないかというと、そうではなく、一部はあっさり取り替えることも可能です。ただし、これらのものさしは、1つではなく、いくつかの層になっていて、外側の部分は簡単に取り替えられても、核となる価値観は、変わりにくいものです。
　価値観は、文化の中で習得され、形成され、しかも、個人の中ではその内容は刻々変化しています。
　「大事なこと」の優先順位は、常に同じであるとは限りません。昨日まで正しいと思っていたことが、今日は、そうではないということが起こります。また、個人が所属する社会の中で、共有すべき価値観と自分の価値観との間にずれが起きると、苦しんだり、悩んだりすることが多くなるでしょう。
　また、価値観は、実際の行動を通して表現されることが多いものです。したがって、個人がかくあるべきと信じている理想と、実際にとる行動のあいだにもギャップがあります。

セルフチェック

　104ページの表に示したものは、価値観が含まれたことわざや言い回しです。これらは、親、先生、友人、配偶者などからメッセージやアドバイスとしてあなたに向けられたことはありますか。また、あなたは、これらを人に言ったり、実際の場面で使ったことがありますか。表の各項目に当てはまるものを次の中から選んで5～1の数字で書き込んでみましょう。

- 周りから、 とてもよく聞かされた ……………… 5
  よく聞いた ……………………………… 4
  ときどき、聞いた ………………………… 3
  めったに言われない ……………………… 2
  まったく言われたことはない …………… 1

- 自分では、 とてもよく言う …………………… 5
  よく言う ………………………………… 4
  ときどき、言う ………………………… 3
  めったに言わない ……………………… 2
  まったく言わない ……………………… 1

	人から聞く度合い	自分で使う度合い
出る杭は打たれる		
石の上にも3年		
温故知新		
くさいものにはふた		
残りものには福がある		
知らぬが仏		
口は災いのもと		
雨降って地かたまる		
寄らば大樹の陰		
見ざる、聞かざる、言わざる		
他山の石		
能ある鷹は爪を隠す		
長いものには巻かれろ		
以心伝心		
不言実行		
坊主憎けりゃ袈裟まで憎い		

以下は自分で書き込んでみましょう

　価値観は、文化の底流であり、芯とも呼べるきわめて抽象的なもので、ふつうそのままでは、目には見えません。価値観は、表面化や具体化してはじめてその存在に気がつきます。また、他の人や文化と比較することによって自分の持つ価値観がはっきりします。ただし、そうしたところで、価値観そのものを直接表すことはなく、行動や考え方を通してその一端を推察するしかありません。ことわざや言い伝えなどは、特定の文化を簡潔に表していることがよくあります。

ステップアップ　エクササイズ

① あなたが、自分のことを「日本人だなあ」と思うのはどんなときですか。
　　例: ゆっくりお風呂につかっているとき
　　例: 必要ないと思うのに、つい謙遜してしまうとき

② 外国人の友達がいて、その人のことをつくづく「○○人だなあ」と思ったのは、どんなときですか。また、なぜそう思いましたか。

(樋口容視子)

▶ 2 異文化ケース・スタディー

セルフチェック

次の例は、ペルーの農村で実際に起こったことです。異なる価値観について考えてみましょう。

ロス・モリナスは、人口200人の農村で、上水道の設備がありません。生活に必要な水は、村の灌漑用水、2キロ離れたところの泉、村に1つだけある井戸、この3つから確保するしかありません。いずれの水源も水質は悪く、汚染されています。

農民の健康のために管轄の保健所が提唱したプログラムは、ロス・モリナスの主婦たちに、生水を使わず、湯沸かしを徹底させることでした。このプログラムの担当になったネリダは、村の家庭を1軒ずつ訪問して湯沸かしについて説明して回りました。特に力を入れた21家庭には、10数回も訪問しました。しかし、2年間かけて、湯沸かしをきちんと行うようになった家庭は、たった11軒だけでした。

なぜネリダの仕事はうまくいかなかったのでしょう？

① 病気と生水の関連が村人には分からない。衛生についてよく分かるような説明をしなかった。
② 村人は、生水がいけないことは分かっていたが、薪を使って火をおこすのは、面倒だった。
③ 燃料を使えないほど人々は貧しかった。
④ ネリダは、村人に嫌われていた。
⑤ その他(　　　　　　　　　　　　　　　　　　　)

では、住民の声を聞いてみましょう。

ロス・モリナス村の住人Ａ

「"バイキン"について説明されても、私には分かりません。水の中では、人間はおぼれて死んでしまうのに、なぜ"バイキン"は死なないのか？ "バイキン"は、魚みたいなものか？ それにしても、目に見えず、音も立てず、触ることもできず、匂いもしないものが人間に危害を与えるなどとは、考えられません」

さて、あなたがネリダなら、これに対してどんな説明・説得をしますか。
（　　　　　　　　　　　　　　　　　　　　　）

ロス・モリナス村の住人Ｂ。この人は、湯沸かしを実行する少数派です。
「私と私の家族は、数年前にこの村にやってきました。しかし、もとからこの村にいる人たちには、いまだに受け入れられていません。この村には、いろいろ変わった風習があるようですが、私たちには、なじまないものがあります。保健所の人の説く"バイキン"の話は、あまりよく理解できませんが、村の人と話すより、保健所の人と付きあうほうがましだし、言う通りにしたほうが、ためになるような気がします」

ロス・モリナス村の住人Ｃ。この人も湯沸かしをしています。
「私は、保健所の人からすすめられてお湯を沸かすようになったのではありません。私は、病気がちなので、今は沸かして飲んでいますが、体が丈夫になったら、沸かさずに飲みます」

ふたたび、ロス・モリナス村の住人Ａ。なぜ、湯わかしをしないのか、ほんとうのところは…
「この村では、湯や湯ざましを飲むのは、昔から病人だけです。健康な人間が水を沸かして飲むなんて、とんでもないことです。そんなことをしたら、あいつは、病人だと思われてしまいます。いくら説得されても、私は、湯沸かしをしません」

2年間ものあいだ、ネリダは、住民の大多数が抱いているこのような価値観にまったく気がつかなかったのです。人々は、外部の人には、そうしたことを話題にしませんでした。これは、単なる習慣ではなく、人々の心に

強く根ざした考え方なので、ネリダが、衛生観念についていくら説得をしても、あまり効果はなかったのです。根っこの部分が変わらないのですから。結局、ネリダが説得できたのは、外部から来た住民Bだけでした。説得されたかに見える住民Cは、もともと湯沸かしをしていたのです。

このように、価値観が変わらなければ、行動も変わりません。

ステップアップ エクササイズ

あなたが、いままで、相手が説得に応じず、なんと頑固な人だろうと考えたことを思い出してみましょう。

さて、あなたが気がつかない、相手の価値観が何か、創造力を駆使して思いめぐらしてみましょう。

（樋口容視子）

[参考文献]

Everett M. Rogers: *Diffusion of Innovations* fourth edition, The Free Press, 1995, pp. 1-5

3 基本価値志向

セルフチェック

次のⅠ～Ⅴの各グループからあなたが最も共感を覚えるものを5つずつ選んでください。そして選んだ項目がaかbか集計して後の表に記入し、その数を比べてみましょう。

グループⅠ
1．人間は信用できないものだ　(a)
2．お人よしはいいものだ　(b)
3．人を見たらどろぼうと思え　(a)
4．旅は道連れ、世はなさけ　(b)
5．人は、やさしくするとつけあがる　(a)
6．だます人より、だまされる人のほうがいい　(b)
7．子供は厳しく育てなくてはならない　(a)
8．子供にはやさしく接するべきだ　(b)
9．人間はもともと悪いものだ　(a)
10．人間はもともと善である　(b)

グループⅡ
1．厳しい自然と闘うドラマが好きだ　(a)
2．自然とのほのぼのとした交流の物語が好きだ　(b)
3．都市生活は便利で快適だ　(a)
4．不便でものんびりした田舎（いなか）暮らしがいい　(b)
5．どんな巨費を投じても自然災害は防がなくてはならない　(a)
6．人間はむやみに自然に逆らわないほうがいい　(b)
7．砂漠の緑化計画はすばらしい　(a)
8．自然に囲まれて暮らせるなら、不便はいとわない　(b)
9．家は、外からの影響を極力遮断し、丈夫で頑丈でなくてはならない　(a)
10．住まいは夏（冬）をむねとすべし　(b)

グループIII
1．過去にとらわれず、常に前進しなくてはならない　(a)
2．先人の教えは大切に守らなくてはならない　(b)
3．常に目標を持ち、向上を目指すべきだ　(a)
4．伝統は重んじるべきだ　(b)
5．変化は大変重要である　(a)
6．経験は生かされなくてはならない　(b)
7．たとえいいものであっても、変えなくてはならないときが来る　(a)
8．いいものはいつまでも変わらなくていい　(b)
9．時は金なり　(a)
10．大事な人と共に過ごす時間が大切　(b)

グループIV
1．何もしないでいる人は、なまけものだ　(a)
2．不言実行　(b)
3．すばやい行動が大切　(a)
4．思いは通じる　(b)
5．表現しなくては何にもならない　(a)
6．自己表現は抑えたほうがいい　(b)
7．意思決定をぐずぐずするのはいやだ　(a)
8．人事をつくして天命を待つ　(b)
9．ベストをつくす　(a)
10．あるがままがいい　(b)

グループV
1．個人の意思は常に尊重されなければならない　(a)
2．職場ではチームワークが大切　(b)
3．個人同士は平等であるべき　(a)
4．家族のつながりは大切だ　(b)
5．人と付きあうときに年齢の差は問題ではない　(a)
6．常に年上の人を敬うべき　(b)
7．売り手はお客に対してへりくだることはない　(a)
8．自分と相手の立場をわきまえた言動が大事　(b)
9．形式ばらない付きあいが望ましい　(a)

10. 初対面の人にはなれなれしくしない　(b)

	a	b
I		
II		
III		
IV		
V		

　クラックホーンとストロッドベックは、次の5つの基本的価値志向を想定しています。

　I　人間の本質
　II　人間と自然との関係
　III　人間と時間との関係
　IV　人間と活動の関係
　V　人間と人間の関係

I　人間の本質
　人間はそもそも「善」であると考えるのと、「悪」であると考えるのでは、生き方の姿勢そのものが違ってきます。性善説と性悪説では、他人への信用度がまず違ってくるでしょう。どういう教育の仕方をするか、懲罰、ルールをどう作り、どう裁くかという点も違います。また、双方の中間的な考え方も、当然ありえます。

II　人間と自然との関係
　人間が自然を支配するのか、人間は自然に服従するのか、また、その中間として、人間は自然と調和するのだという価値志向もあります。

Ⅲ　人間と時間との関係

　過去と未来のどちらを大切に考えるかで、歴史や伝統を重んじるか、新しいことや変化を求めるかが決まります。前例や経験をたえず振り返るのか、常に先々の目標を立て、未来はさらに良くなると前進しつづけるのか、また、そのあいだにあって、現在を重んじるかということになります。

Ⅳ　人間と活動の関係

　「ある」と「する」。行動に重点をおくか、熟考するかによって、日常の行動も、表現方法も変わります。

Ⅴ　人間と人間の関係

　縦の人間関係を大切にし、個人より集団の意志を重視するか、あくまで個人としての独立、平等を大切にするかは、たいへん大きな違いです。

　価値観には、文化の違いと個人差がありますが、文化同士の基本的な価値観のバリエーションを調べることによって、それぞれのベースや寄りどころが分かります。価値観は、あまりに多様でひとつひとつ検証していくことはなかなか難しいのですが、このように、基本価値志向を押さえると分かりやすくなります。

　西洋と東洋の文化を比較した場合、従来、この基本価値志向はほぼ対極にあるものとしてとらえてきました。

	a　西洋	b　東洋
Ⅰ　人間の本質	悪である	善である
Ⅱ　人間と自然との関係	人間が自然を克服	自然との調和
Ⅲ　人間と時間との関係	未来	過去
Ⅳ　人間と活動の関係	する	ある
Ⅴ　人間と人間の関係	個人	集団

　したがって、先の選択肢で、aの数が多いほど西洋的価値志向に近づき、bの数が多いほど東洋的価値志向に近いというわけです。あなたはどうだ

ったでしょうか。また、日本という社会全体の価値志向は、どのあたりにあるでしょうか。それは、時代とともに変わったでしょうか。

(樋口容視子)

[参考文献]
八代京子、町惠理子、小池浩子、磯貝友子『異文化トレーニング』三修社、1998年

第6章
自分を知る

異文化コミュニケーション・スキルは、知識、感情、行動のバランスの上に成り立っています。「みんな同じ人間なのだから、善意と根性があればなんとかなるさ」では危険です。もちろん善意と根性は大切です。しかし、異文化に関する知識も不可欠です。さらに、知識があっても感情をコントロールできないと、その知識が建設的に生かせません。豊かな知識と安定した感情を基盤にしたコミュニケーション行動は成功をもたらすでしょう。行動はスキルですから、一朝一夕には身に付きません。スキル・トレーニングをしておく必要があります。この章では、自分に対する気づきを高めていただきます。つまり、自分のことをよりよく知ってもらい、自分の感情や行動をコントロールするためにどのようなことに気をつけてスキル・トレーニングを行ったら良いか知ってもらいたいのです。第1節では、自分はどのような対立管理スタイルをとる傾向があるかをチェックしてもらいます。第2節では、異文化適応能力をチェックしてもらいます。第3節では、自分の共感度をチェックしましょう。

▶1　対立管理スタイル

「くさいものには蓋(ふた)」と言いますが、英語では同じ意味のことを「カーペットの下に掃き込む」と言います。利害が衝突するとか、意見が対立することは、私たちの生活ではよくあることです。そのようなとき、私たちはどのような行動に出るでしょうか。衝突や対立があることを認めようとせず、「たいしたことではない。そうっとしておけば自然に解決する」という態度をとることが多いのではないでしょうか。事実、そうっとしておいて解決することもたくさんあります。しかし、解決しないで、むしろ雪だるま式に大きくなったり、糸がもつれるように複雑に絡みもつれることもあります。文化背景の異なる人との利害の衝突や意見の対立はその危険性が高いようです。早めに手当てをしておいたほうがよいと言えるでしょう。

また、人によっては、対立が起こりそうなときは、さっさと自己主張を引っ込め、相手に合わせてしまう気の弱い人もいます。反対に、相手に自分の正当性を強く訴え、強引に説得しようとする人もいます。どちらの場合も双方が納得できる解決に至るとは思えません。もちろん、ケース・バイ・ケースで、ことの重大性の度合いによってもとる行動が変わりますが、人によって対立管理スタイルにはある特定の傾向があると言えます。

そこで、まず最初に、日ごろ自分が使っている対立管理スタイルがどのようなものなのか調べてみましょう。次のエクササイズをしてください。

セルフチェック

●コンフリクト・マネジメント

意見の相違への対処パターン

相手と意見が衝突したとき、あなたは普通どのように反応・対処しますか？　以下に、1から30の項目ごとにAとBの選択肢が書いてあります。あなたの反応・対処に近いほうを選択してください。どちらか選択しにくい場合もあるでしょうが、自分ならこちらにするだろうと思うものを選択してください。必ずどちらか選択し、あとの解答欄の表のAかBに○印を付けて答えてください。

1	A	私は相手に問題の解決を任せるであろう
	B	私は対立する点を調整しようとするより、合意している点を強調しようとする
2	A	私は相手と妥協点を見つけて解決しようとする
	B	私は相手と自分の主張しているすべての事柄を考慮するよう努力する
3	A	私は普通自分の目的を達成するために頑張る
	B	私は相手の気持ちを和ませ、良い人間関係を維持するよう努力する
4	A	私は相手との妥協点を見つけて解決しようとする
	B	私は相手の主張を入れるために、自分の主張を犠牲にする
5	A	私は解決を見出すために、常に相手の意見を求める
	B	私は不必要な緊張関係が生じるのを避けるようにする
6	A	私は自分にとって不快な状況になることを避ける
	B	私は自分の意見を通そうとする
7	A	私は自分の考えがまとまるまで、判断を保留する
	B	相手が譲れば、私も譲る
8	A	私は普通自分の目的を達成するために頑張る
	B	私は双方の関心事や意見を初めからすべて明らかにするよう努める
9	A	私は意見の違いに、そんなにこだわらなくてもいいと思う
	B	私は自分の主張が通るように頑張ってみる
10	A	私は自分の目的を達成するために頑張る
	B	私は相手との妥協点を見つけて解決しようとする
11	A	私は双方の関心事や意見を初めからすべて明らかにするよう努める
	B	私は相手の気持ちを和ませ、良い人間関係を維持しようとする
12	A	私は対立が起きそうなとき、自分の意見を言うことを避ける
	B	私は相手が譲るのに応じて自分も譲る
13	A	私は喧嘩両成敗的な解決点を探る
	B	私は自分の主張を理解してもらえるよう頑張る
14	A	私は自分の意見を述べ、相手の意見も聞く
	B	私は私の主張の合理性と利点を相手に分からせようとする
15	A	私は相手の気持ちを和ませ、良い人間関係を維持しようとする
	B	私は緊張関係が生じるのを避けるようにする
16	A	私は相手の気持ちを傷つけないようにする
	B	私は私の主張の利点を相手に説得する

17	A	私はたいていの場合、自分の主張を変えない
	B	私は、役に立たない緊張関係が生じるのを避けるようにする
18	A	私は相手がそれで喜ぶなら、相手の主張に逆らわない
	B	私は相手が私の主張をある程度認めるなら、私も相手の主張をある程度は認める
19	A	私は双方の関心事や意見を初めからすべて明らかにするよう努める
	B	私は自分の考え方がまとまるまで、判断を保留する
20	A	私は意見の相違を解決しようと積極的に行動する
	B	私は双方にとって納得のいく損得のバランスある解決を探ろうとする
21	A	交渉をするときは、私は相手の要望を配慮するように心掛ける
	B	私は、問題点を率直に話し合う
22	A	私は双方の主張の中間点を見出そうとする
	B	私は自分の考えを主張する
23	A	私は双方の願いを真に満足させることに関心がある
	B	私は相手に問題の解決を任せるであろう
24	A	相手にとって自分の主張が通ることが大切に見える場合は、私は相手に合わせようとする
	B	私は相手が妥協するように働きかける
25	A	私は私の主張の合理性と利点を相手に分からせようとする
	B	交渉をするときは、私は相手の要望を配慮するように心掛ける
26	A	私は中間点での解決を提案する
	B	私は双方の願いをすべて満足させることに関心がある
27	A	私は対立が起きそうなとき、自分の意見を言うことを避ける
	B	相手がそれで喜ぶなら、相手の主張に逆らわない
28	A	私は普通、自分の目的を達成するために頑張る
	B	解決を見出すために、たいてい相手の意見を求める
29	A	私は中間点での解決を提案する
	B	私は意見の違いにそんなにこだわらなくてもいいと思う
30	A	私は相手の気持ちを傷つけないようにする
	B	私は問題を相手に率直に話し、二人で一緒に解決策を見つけようとする

出典：Thomas-Kilmann の Conflic Mode Instrument を八代が和訳した

●解答欄

どちらに○印を付けたか示してください。

	競 争	共 同	妥 協	逃 避	融 通
1				A	B
2		B	A		
3	A				B
4			A		B
5		A		B	
6	B			A	
7			B	A	
8	A	B			
9	B			A	
10	A		B		
11		A			B
12			B	A	
13	B		A		
14	B	A			
15				B	A
16	B				A
17	A			B	
18			B		A
19		A		B	
20		A	B		
21		B			A
22	B		A		
23		A		B	
24			B		A
25	A				B
26		B	A		
27				A	B
28	A	B			
29			A	B	
30		B			A

さらに表の各列の○数を合計してください

競 争	共 同	妥 協	逃 避	融 通

あなたの対立管理スタイルはどれでしたか。「競争」は、相手を負かして、自分の主張を通すやり方です。「共同」は、相手と自分と共同で問題を解決する姿勢をとり、協力しあって問題を解決する方法です。妥協は、相手が譲った分、自分も譲って、双方痛み分けという方法です。「逃避」は問題に直面するのを避けたり、延ばしたりして、問題が自然に解決すること、もしくは、自然消滅することを願う方法です。「融通」は、相手の要望を受け入れ、自分の要望を取り下げる解決方法です。

　どれか１つではなく、同点があったかもしれません。いずれにしろ、双方が納得のいく解決方法は「共同」だと言われています。つまり、互いに相手を勝敗の対象にするのではなく、問題を共同で協力し合って解決する姿勢をとることにより、問題の本質によりオープンで客観的な目を向けることができるようになるというわけです。そうすると、今まで見えなかった問題の解決の糸口も見えるようになります。次ページの図に示した通り、「共同」で解決に当たれば、相手への配慮も自分への配慮も満足させられるわけです。

　現実には、自分が強い場合には相手を負かしてしまえば問題が解決したと思ってしまいがちです。負けたほうは不当な扱いを受けたと恨みを持つでしょうが、勝ったほうはそんなことはあまり意に介しません。また、弱い立場にいると思ったときは、自分の主張を引っ込めたほうが得と思い込んでしまいがちです。実は、相手は思わぬ得をしたと思っているかもしれません。また、同等の力だと判断したら、妥協の線を選ぶでしょう。共同で問題解決に力を合わせるという行動がとれるためには、まず互いへの信頼と尊重の精神がなければなりません。それがあれば、互いの本音を打ち明けて、手の内もさらけ出すことが可能になり、解決への妙案が作り出せます。つまり、密度の濃い深度の深いコミュニケーションを通して信頼関係を築き、問題解決に共に協力しあえる状態があって初めて可能なのが共同の対立管理スタイルです。

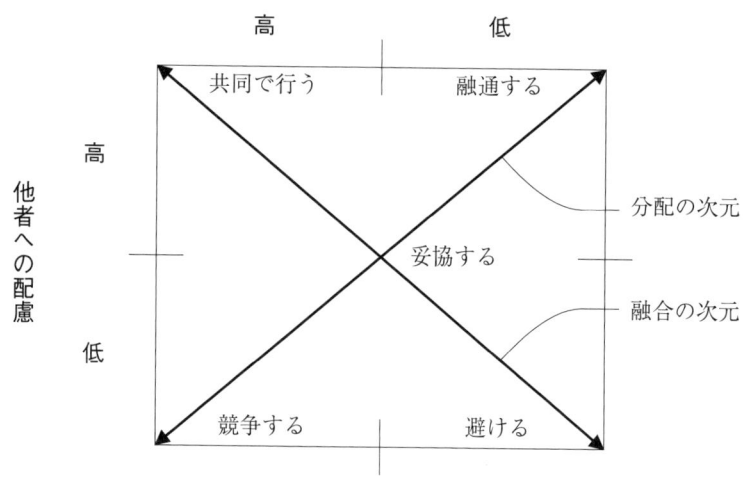

```
                自分への配慮
            高              低
        ┌───────────┼───────────┐
        │ ╲  共同で行う │  融通する ╱ │
     高 │   ╲         │         ╱   │
  他    │     ╲       │       ╱     │──分配の次元
  者    │       ╲     │     ╱       │
  へ    │         ╲   │   ╱         │
  の    ├───────────╲─┼─╱───────────┤
  配    │           妥協する         │
  慮    │         ╱   │   ╲         │──融合の次元
     低 │       ╱     │     ╲       │
        │     ╱       │       ╲     │
        │   ╱  競争する │  避ける ╲   │
        └───────────┴───────────┘
```

Modified by Stella Ting Toomey from
M. Afzalur Rahim (1992), *Managing conflict in organizations*, Westport. CONN: Praeger.

　本書では、異文化理解とコミュニケーションの基本的な態度として、相手の尊重、相手へのオープンな気持ち、相手に関しての正確な知識、自分への気付き、自己管理能力などの大切さを一貫して強調してきました。また、そのような態度を持つためのいろいろなエクササイズも紹介してきました。本書で得た知識とスキル、それから、次章で学ぶアサーティブ・コミュニケーション・スキルなどを使って、共同で解決に当たる対立管理スタイルを自分のものにしていきましょう。

（八代京子）

[参考文献]

Rahim, M. A. *Managing Conflict in Organizations*, CONN: Praeger, 1992

▶2 異文化適応力チェック

あなたの異文化適応力をチェックしてみましょう。自分の異文化適応力で強いところや弱いところを知ることができれば、異文化接触のときに便利です。強い点は伸ばし、弱い点は改善するようトレーニングができます。これは、サンフランシスコ州立大学教授デヴィット・マツモト先生が開発した日本人の国際適応力診断テスト（ICAPS）[1]を本書用に短縮していただいたものです。正確な判定を希望する場合はICAPS日本代理店株式会社GLOVA（☎03-5212-6622・FAX03-5212-6620）までお問い合わせください。

セルフチェック

次の12の項目にどれくらい同意できるか7段階評価で答えてください。自分の気持ちを冷静に、正直に答えてください。あまり考えすぎないで、1項目2分以内で答えてください。

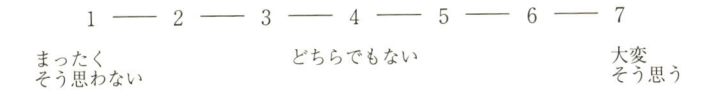

1 ── 2 ── 3 ── 4 ── 5 ── 6 ── 7
まったく　　　　　　　どちらでもない　　　　　　大変
そう思わない　　　　　　　　　　　　　　　　そう思う

① 私はよく心配しすぎると友達たちに言われます。（　）
② 私は詩を読むのが好きです。（　）
③ 私は初対面の人に会うのが好きです。（　）
④ 私にとって自分自身でいろいろなことを選択できることは非常に大切です。（　）
⑤ 私は人よりも芸術や演劇に関心があります。（　）
⑥ 他の人がする多くのことが私の気にさわります。（　）
⑦ 私は女性も男性と同じくらい自由であるべきだと思います。（　）
⑧ 私の親は、子供の頃、私に厳しすぎました。（　）
⑨ 新しいものや新しいことを試すのは私が仲間内で一番遅いです。（　）
⑩ 私は陽気な人間です。（　）
⑪ 私は決まりごとを破る人を見ると腹が立ちます。（　）

⑫ 私は、権威のある立場にいる人とそうでない人とでは、それほど知識に差があるとは思いません。（　）

点数の計算方法

項目①〜⑫の番号に該当する答えの数を以下の式に従って計算してください。

(1) 感情制御　　　　　⑩－①－⑥＝（　）　　最高得点は5、
　　　　　　　　　　　　　　　　　　　　　　最低得点は－13

(2) オープンなこころ　②＋⑤－⑪＝（　）　　最高得点は13、
　　　　　　　　　　　　　　　　　　　　　　最低得点は－5

(3) 柔軟性　　　　　　③＋⑦－⑨＝（　）　　最高得点は13
　　　　　　　　　　　　　　　　　　　　　　最低得点は－5

(4) 自己受容度　　　　④＋⑫－⑧＝（　）　　最高得点は13
　　　　　　　　　　　　　　　　　　　　　　最低得点は－5

4つの各項目において、最高得点に近ければ近いほど適応力があると言えます。逆に最低得点に近ければ近いほど適応力に問題があります。

　ここでは、日本人の国際適応力診断テストに関するマツモトの解説で、本書のチェック・リストに関連する部分を要約してみます。詳しくは、『日本人の国際適応力』（前出）を参照してください。

　自分の文化と異なる文化と接触したときの対応には4つのパターンが考えられます。①自己文化肯定・相手文化否定型、②自己文化否定・相手文化同化型、③両文化不在型、④両文化共生型です。両文化不在型の人は、自己の文化も滞在国の文化も気に入らないので、自分一人の独り善がりの生き方をします。これら4つの型の中で最も良いと思われている適応型は両文化共生型です。自分の文化と相手の文化をよく理解し、双方に配慮して、双方の良さを共に生かせる人です。

　マツモトは異文化適応を研究するに当たり米国在住の2000名の被験者からデーターを集めました。被験者の適応度に関しては、自己評価と他の人による評価の両方を得ました。他の人による評価を加味したことは、今ま

での研究にない優れた要素の1つです。その中の700名が日本人留学生と日本人赴任者でした。そして、自他共によく適応していると認識している人の特徴を解明するためにデーターを統計分析し、異文化適応に深く関わっている4つの因子を抽出しました。それらは、(1)感情を制御できる能力、(2)オープンなこころ、(3)柔軟性、(4)自己受容度です。

　異文化適応では、感情を制御できる能力は最も基本的な能力です。異文化で生活していくとき、慣れないうちはいろいろなことで失敗したり、予想もしない結果を招くことが多々あります。そのようなとき、いらいらしたり、怒りが込み上げたり、悲しくなったり、気分がめいったりします。それらの感情は避けて通れないものです。しかし、それらの感情に押し流されたら、なにごとも肯定的に捉えることができなくなり、異文化への適応はできません。これらの感情を受け止め、コントロールし、前向きな生活に結びつける能力が必要です。否定的になる感情のサイクルを止め、肯定的な感情に方向転換させる意志の力が強くなければなりません。

　さらに、オープンなこころと柔軟性が大切です。オープンなこころとは、自分の価値観とは異なる価値観も尊重できること、自分の見方とは異なる見方を理解できること、いろいろな事柄に興味を持ち、知りたいと願う気持ちです。柔軟性とは、オープンなこころから生まれる柔軟性のある態度、対応、行動と言えるでしょう。いろいろな人と出会い、いろいろことを経験し、いろいろな所に行ってみる、そしてそれらを楽しみ、それらから学べる能力です。

　自己受容度とは、現在の自分をどれだけ受け入れているかの度合いです。100％自分に満足している人はいないでしょうし、100％自分に満足していることは健全な精神状態とはいえません。しかし、自分に不満でたまらない人や自分に自信がない人は、異文化に適応しにくいのです。異文化では失敗は付き物です。そのようなときに自分自身が嫌いな人や自分に自信のない人は投げやりになったり、全面的に人に頼ったりして、自律できなくなります。適応は自分でするものです。人があなたになりかわってできるものではありません。したがって、自分を失っている人は適応できません。不完全であっても自分を受け止め、受け入れ、自分を信じ、自分を高めていこうとすることが大切です。

　マツモトはこれら4つの因子を測定するための55項目から成るテストを作成し、日本人の国際適応力診断テスト（ICAPS）として発表しました。

ICAPSは、留学希望者、国際要員、海外赴任前のビジネスマンなどに利用されています。テストを受けると、診断書が送られてきます。それには、あなたの長所と弱点が数字で示されると同時に、詳しい説明がついています。また、弱点を克服するためにどのようなことをしたら良いのかアドバイスも書かれています。

（八代京子）

注 ─────
1) デヴィッド・マツモト『日本人の国際適応力』本の友社、1999年

3 共感（エンパシー）
――相手の「違い」や「よくわからなさ」と付きあっていくためにできること

セルフチェック

次の①～⑥各項目のAとBの文章を読み、あなたの考えにより近いと思うものをどちらか選んで、後の表に○印で答えてください。

① A　その人のおかれている立場で、自分ならどうしてほしいかよく考えて、そのようにしてあげる。
　B　自分にとってはあまり意味がないと思えるようなことであっても、その人がしてほしいと思っているだろうことをしてあげる。

② A　自分が以前同じような経験をしたことがあると、その時のことを思い出してアドバイスする。
　B　その人にとっての意味をよく聞いて理解してからでないと自分のアドバイスは述べられない。

③ A　自分がそうしてもらったら嬉しいと思うことをしてあげれば、他の人にも喜んでもらえると思う。
　B　自分がそうしてもらったら嬉しいと思うことをしてあげても、他の人は喜ばないこともあるだろう。

④ A　ある状況下で人が感じることは大体皆同じようなものである。
　B　想像の範囲でしかあり得なくとも、その人になったつもりで感じてみる。

⑤ A　アメリカでは学費を両親に払ってもらえず、自分で働きながら大学に行く学生も多いとは、大変気の毒なことである。
　B　私なら子どもの教育費は面倒をみるだろうが、アメリカでは両親が学費を払わないで、自分で働きながら大学に行く学生が多いことが理解できる。

⑥　A　韓国では目上の人の前で煙草を吸うべきでないそうだが、礼儀作法が厳しくて気詰まりのすることだろう。
　　B　私にとってはそこまで気をつかわなくてもと思うことだが、韓国では目上の人の前で煙草を吸うべきでないという儒教的精神を大切にしているのだろう。

①	②	③	④	⑤	⑥	合計
A	A	A	A	A	A	Aの数〔　　〕
B	B	B	B	B	B	Bの数〔　　〕

　セルフ・チェックの合計結果はAとBのどちらの数が多かったでしょうか？　AとBどちらの選択肢も間違った答えではありませんが、それぞれ異なる前提の態度から書かれていることに気がついたでしょうか？　AとBの何が違うのかを理解し、意識して区別したうえでコミュニケーションすることを学ぶのがこの章の目的です。

　聖書では「何事でも人々からしてほしいと望むことは、人々にもそのとおりにせよ。(マタイによる福音書7.12)」[1]と教え示し、これは「ゴールデン・ルール」と呼ばれています。日常生活の中で通常ゴールデン・ルールは「相手にどう接したらよいのか分からないとき、自分ならどうしてほしいのかを想像し、それに従う」といった行動のめやすとして使われています。そのとき、ゴールデン・ルールの根底には「すべての人は基本的に同じである。だから他の人々は私が求めているのと同じような扱いを求めているはずである（彼らがそのことを認めようと認めまいと）」という考えがあり、これでは実際うまくいかないだろうと異文化コミュニケーション学者であるベネット[2]は言います。個人や文化の違いを考えると、自分のしてほしいことが必ずしも他人にとっても好ましいとは限りません。ゴールデン・ルールでは、相手は自分と同じように感じるという前提に立った接し方を暗黙のうちに奨励していることになり、自分によく似た考え方や感じ方をする相手とはうまくいっても異文化コミュニケーションでは妨げとなることが多いでしょう。ゴールデン・ルールにもとづいたコミュニケーション法は「シンパシー（同情）」の形となり表れますが、異文化コミュニケーションでは自分と相手の違いを意識した「エンパシー（共感）」が効果

的です[3]。この2つの違いをよく理解し、エンパシーに基づいたコミュニケーションを心がけることが相手も自分も尊重したコミュニケーションにつながります。

エンパシー（共感）とシンパシー（同情）

　エンパシーとシンパシーの違いは何でしょうか。2つの言葉の語源はギリシア語にあり、シンパシーはfeeling with（一緒に感じる）で相手の隣に立って感じるような状態を示し、エンパシーはfeeling (in)side（内側で感じる）で一時的に相手になりきって感じるということを表します[4]。同情がすべて悪いわけではなくシンパシーには、エンパシーよりも簡単に行え、たいていは的外れにならず相手をなぐさめられるという利点があります。しかしシンパシーは自分の過去の体験や価値観と照らしあわせて相手の体験がどんなものなのか、自分の物の見方の範囲内で想像することになります。物の見方のあり方を1つしか想定していないうえ、それは自分自身の思う物事のあり方でしかありません。エンパシーは内側で感じるという表現の通り、相手の物の見方を共有し、相手の物の見方で現実を再構成することで「相手の体験に知的かつ情動的に参加」[5]します。自分自身とは異なる物の見方を認め尊重する立場と言えます。シンパシーが相手の境遇に自分自身の現実を当てはめるのに対し、エンパシーは相手の理解の枠組み（準拠枠）でもって相手が置かれた境遇や現実感を分かち合う行為とも言えるでしょう。渡辺は共感を次のように説明しています。

> 相手と自分はそれぞれ個別の特有な人間なので、相手の経験をそのままにはわからないが、「仮に自分が相手だったとしたらこのような気持ちなのだろうか、このような経験なのだろうか」というように、相手が見ている枠組みにそって、わかろうと努めることである[6]。

　シンパシーとエンパシーの違いをベネット[7]と渡辺[8]の研究からまとめると次の表のようになります。ベネットは相手との違いを大事にしながらやりとりをしていく行為の法則をゴールデン・ルールに対し「プラチナ・ルール」と名づけました。シンパシーは他文化について考えるとき、自分自身の現実のあり方のみを座標軸として事象を捉える自文化中心主義の落とし穴に陥る危険性があります。エンパシーは多様な現実のあり方を認識し価値観や意味もそれぞれの文化の中で相対的に判断すべきという文化相

対主義の態度です。

	シンパシー（同情）	エンパシー（共感）
行為の法則	ゴールデン・ルール	プラチナ・ルール
根底にある考え方	類似性（similarity） 「人は皆同じようなものである」	相違性（difference） 「人はそれぞれが固有の存在である」
現実認識	単一の現実（single reality）	複数の現実（multiple reality）
文化についての態度	自文化中心主義（ethnocentrism）	文化相対主義（cultural relativism）
理解の仕方	断定に基づいた理解 「相手の経験はこのようなものだ」	相手の固有性と独自性を尊重した理解「仮に自分が相手だったらこのような経験なのだろうか」
言語表現	「痛いね」「辛いね」 （相手が誤ってナイフで指を切ったときの例として）	「痛そうね」「辛いでしょうね」 （相手が誤ってナイフで指を切ったときの例として）

　初めに行ったセルフチェックの結果を見てください。Aはシンパシー的態度を、Bはエンパシー的態度を示しています。Aの文章が誤りというわけではありませんが、文化的背景が異なる相手と接するときには、うまくいきにくいことが予測されます。⑤と⑥の文章はあなた自身の価値基準と異なる事柄について、シンパシーで解釈するか、エンパシーで解釈するかの差を示しています。それぞれBの文章では自分自身の価値判断は異なるということを認識したうえで、異なる文化システムにある人たちのやり方を共感的に理解しようとしています。ここで注意すべきなのは、たとえば⑤について「アメリカの大学生が自分で学費を払うことは大変立派であり日本の学生は親に甘えてけしからん」といった他文化を基準に自文化を否定するような性急な判断をしないということです。これは価値基準が自文化でなく他文化と入れ替わっただけで、単一の現実しか認めない自文化中心主義（この場合は他文化中心主義と言い換えられる）と同じです。「相手が正しいことを認めてしまうと、自分が間違っているということになりそうだ」という考えも、同じ理屈から、唯一の現実を防衛しようとするために生じた恐れであると言えます。自分と異なる他者や文化との共生は、他者のあ

り方が自分と違っていることをまずはそのまま受け止めることから始まります。次の第7章に紹介されたエポケー（判断停止または判断留保）を使いエンパシーを試みることが役に立つでしょう。それは相手のやり方に「迎合」したり「なんでもあり」を受け入れることではありません。相手を尊重すると同時に自分を尊重し、相対的に検討しながら自分の判断を大切にしてください。

エンパシーの目的は「完全な理解」ではない

　相手のことをわかろうとしてエンパシーをしても、あなたと相手は同一人物であり得ない以上100パーセントの理解は不可能です。「他者といる技法」の中で奥村隆は「完全な理解」を目指すことの問題点を指摘しています[9]。相手を完全に理解するということは、「相手は完全に理解できるはずの存在である」という前提のもとに成立することであり、それはすなわち「相手が自分と同じである」という信念を持つことにほかなりません。他者との関わりを完全な理解をもとに実現しようとしている人のアプローチを奥村は2つ挙げています。

　1つめは、自分が持っている類型で相手を判断して理解し、よくわからない部分はそれ以上見ずに存在しないことにして、「わかるところとだけつきあう」という方法。2つめは、理解する努力を重ねても相手のことがわからないのであれば、一緒にいることができないから「わからないところとつきあわない」方法。

　前者は「差別」の現象に近く、後者は「別れ」であり、時に「暴力」の形態をとることもあるだろうと述べられています。私たちが理解しようと努めても理解という方法では、一緒にいられる水準まで「わからない」ような他者が存在するので、「わかりあうから一緒にいられる」という状態を求めて理解する努力を続けることには無理があるのです。奥村はわかりあえないまま一緒にいるための技法が必要であり、「話し合う」という「尋ねる、質問する」行為と「答える、説明」する行為が素朴なことだが大切なのだといいます。完全な理解を目指すのでなく、自分と相手との違いを前提としたコミュニケーションが大切なのです。

　　「理解」とは、いわば「他者はわかるはず」という想定を持ちつづけて他者といることを模索する技法である。それには多くのことができるが、埋めら

れない「わからなさ」が残るとき、それに対処できず、「いっしょにいられない」事態を生む。これに対し、その「差分」や「わからなさ」にこそ付きあう、という技法があるように思う。「理解」はそれに直接はつきあわない。それを「わかろう」とする。「なくそう」とする。しかし、他者に「わからない」差分があるのを前提に、それがありつづけてなおどうすれば「いっしょにいられるか」を考えることもできる。いわば「他者はわからない」という想定を出発点として、他者といることを模索する技法である。「他者はわかるはず」と思うと「いっしょにいられる」領域は限定されるが、「わからない」のが当然と考えるならば、私たちはずっと多くの場合「一緒にいること」ができるように思う。具体的に私に言えるのはごく素朴なことにすぎない。そのひとつは、ありふれているが、「話し合う」ということである。「話し合う」ということを始めるのは、しかし、とても難しい。なぜなら、それを始める地点は、「私はあなたのことがわからない！」と宣言する地点だからだ[10]。

　異文化コミュニケーションはよくわからない相手とのコミュニケーションと言っても過言ではありません。エンパシーは幻想にすぎないという意見もあるかもしれませんが、エポケーやエンパシーは「他者はわからないという想定を出発点として、他者といることを模索する」コミュニケーションの姿勢であり、本当に正しくエンパシーができなかったとしても、その姿勢にこそ意味があり、あなたと異文化の人々との関係を良い方向に向かわせていくのではないでしょうか。

ステップアップ　エクササイズ

独り語りの物語：エンパシー訓練　―異なる理解の枠組みから眺める練習―

　あなたが誰かとの間に誤解や行き違いや摩擦が生じたときの経験を思い出してください。①にその時のできごとを「誰がいつ何をして何が起こったか」というようなできるだけ客観的に起こった事実のみ描くように記入してください。登場人物はあなたと相手の両者とも三人称（「洋子は…」「彼女」「彼」）で描きます。これは物語の背景となります。感情やあなたがそれをどう思ったか（解釈）ということは入れないように注意してください。次に②にあなたがその時のことをどんな風に解釈していた

のか、どのように感じていたのか一人称（「私は」）でシンパシーを使って独り語りで演じるように書いてください。最後に③に相手の人はその同じ事柄をどのように解釈し感じていたのか、仮にあなたが相手の人だったらどんなだろうか、相手になったつもりで一人称でエンパシーを使って独り語りで演じるように書いてください。このとき「相手の立場に立ったあなたの視点」からではなく相手の理解の枠組みから眺めるつもりになるよう注意してください。

① 誤解や行き違いや摩擦が生じたときのできごとの描写 ＝ 物語の背景（三人称で）

② そのできごとのあなたの解釈 ＝ あなたの独り語り（シンパシー、一人称で）

③ そのできごとの相手の解釈 ＝ 相手になったつもりの独り語り（エンパシー、一人称で）

（山本志都）

注
1)『聖書』日本聖書協会、1994年、p.10
2) Milton J. Bennett, "Overcoming the Golden Rule: Sympathy and Empathy," in *Basic Concepts of Intercultural Communication: Selected Readings*, edited by Milton J. Bennett (Yarmouth: ME: Intercultural Press, 1998), p. 191
3) Ibid. pp. 197-209
4) Ronald B. Adler, Lawrence B. Rosenfield & Neil Towne, Interplay: *The Process of Interpersonal Communication 8th ed.*, (Orlando: FL Harcourt, 2001)., p. 116.
5) Bennett, Overcoming the Golden Rule., p. 207.
6) 渡辺文夫 「『いま、ここで』を生きる」 『医療への心理学的パースペクティヴ』 渡辺文夫・山崎久美子・久田 満著、ナカニシヤ出版、1994年 p.74
7) Bennett, Overcoming the Golden Rule
8) 渡辺文夫 「『いま、ここで』を生きる」
9) 奥村隆 『他者といる技法：コミュニケーションの社会学』日本評論社、1998年
10) Ibid. pp. 252-3

第7章
異文化コミュニケーション・スキル

文化背景の異なる人々と共生していくには相手を理解しようとオープンな心で接することも大切ですが、自分の考えや感じたことを相手に正確に伝えることも同じくらい大切です。一方通行では理解は望めません。第1節では、誤解や摩擦が起こっている状況を正確に把握するためのスキルを紹介します。D（描写）・I（解釈）・E（評価判断）分析法で、客観的に事実を把握すること、双方の立場から解釈を試みること、相手に対する間違った評価判断を保留することを学びます。第2節では、自分の考えや感じていることを相手に効果的に伝えるためのコミュニケーション・スキルであるアサーティブ・コミュニケーションについて学びます。第3節では、相手の話をじっくり聞くスキルを学びます。第4節では、相手を責めないで、相手が自発的に行動を改めようと思う方向にもっていく話し方を練習します。第5節では、アサーティブ・コミュニケーションの総合練習として、ケース・スタディーをします。あなたは当事者になったつもりで、実際にどのようにコミュニケーション・スキルを駆使して対立を解決していくか書き出してみましょう。

▶ 1 D.I.E.メソッド

　異文化間で発生する誤解を完全に防ぐことは難しくても、その誤解の原因を効果的に見つけ出す方法を知っていれば、解決への重要の第一歩となります。ここでは、その方法であるD.I.E.メソッドについて学んでいきましょう。

セルフチェック 1

　下のイラストはアメリカ人の英語教師であるジョンさんと、彼の生徒である日本人学生の真紀子さんとの会話のある一場面です。ある日、真紀子さんは英語の宿題を学校に持ってきませんでした。そこで、ジョンさんが授業の後、真紀子さんを呼んだという場面です。

①
Why didn't you do your homework?
I am sorry.
J:どうして宿題をやってこなかったの？
M:すみません。

②
I am asking you why you did not do your homework.
I am sorry. I will do my homework next time.
J:どうして宿題をやってこなかったのか聞いているのだけど。
M:すみません。次回は宿題をやってきます。

③
All right. Then see you tomorrow.
I am really sorry.
J:もういいよ。じゃあ、また明日。
M:本当にすみません。

④
She does not like me.
He did not forgive me.
J:彼女は僕のことをどうも嫌っているみたいだ。
M:先生は私の事を許してくれなかった。

どうもジョンさんと真紀子さんの間には何か誤解が起きているようです。いったいどこで、食い違ってきたのでしょうか。原因を考えて下に書いてみましょう。

　このようなときに有効なのが、D.I.E.メソッドを使った分析です[1]。D.I.E.とは、「Describe（描写する）Interpret（解釈する）Evaluate（評価、判断する）」の頭文字をとって名づけられました。
　もっと詳しく説明すると次のようになります。
　　　Describe：起こった事についてありのまま描写する。（感情や意味付けを除く）
　　　Interpret：起こった事について双方がそれぞれどのように解釈したか
　　　Evaluate：起こった事について双方がそれぞれどう感じ、どう判断したか
　D.I.E.メソッドは、何か誤解が発生したときに、これら3つを分けて考えてみましょうというものです。特に大切なのがDescribe、つまり起こったことをそのまま客観的に描写することですが、案外これが難しいものです。たとえば先ほどのジョンさんと真紀子さんのケースですと、「真紀子さんがジョンさんに叱られている」という一文は、出来事をそのまま描写しているように見えて、実は違っているのです。起こった事をそのまま描写するというのは「実際に言ったことや観察できる行動」に限らなければなりません。ジョンさんは真紀子さんに「あなたを叱っている」と言っているわけではないので、これは描写ではなく、Interpret、解釈の部類に入ります。

セルフチェック 2

　以上のことを考慮して、注意深くジョンさんと真紀子さんのケースをDと、その事実についての真紀子さんから見たI（解釈）E（評価、判断）と、ジョンさんから見たI（解釈）E（評価、判断）に分けて書き出してみましょう。Dに入れる項目の中には、言ったこと以外に観察できる行動も入れることを忘れないようにしましょう。

ジョンさんのE（評価、判断）	ジョンさんのI（解釈）	D（描写）	真紀子さんのI（解釈）	真紀子さんのE（評価、判断）

さて、皆さんの表はどのようになったでしょうか。ここに、実際の例を出しておきます。

ジョンさんのE（評価、判断）	ジョンさんのI（解釈）	D（描写）	真紀子さんのI（解釈）	真紀子さんのE（評価、判断）
私は生徒思いの教師だ。	宿題をやってこなかったのには何か事情があるのでは。何かできることがあったら助けたい。	ジョンさんは真紀子さんになぜ宿題をやってこなかったのかと聞いた。	私はジョンさんに叱られている。	ジョンさんは怒っている
真紀子さんは私のことを信用していない。	私の目を見て話さないのは何か隠し事でもあるのか。	真紀子さんは下を向いていた。	反省しているということを示した。	
	どうして理由を言ってくれないのか。	真紀子さんは「すみません」と言った。	謝っているので許してほしい。理由を言うと言い訳だと思われる。	しつこい先生だ。
	もう一度聞いてみよう。	ジョンさんは「どうして宿題をやってこなかったのか聞いているのだけど」と言った。	謝っているのに、まだ先生は私のことを責めている。	
私の事を嫌っているのだろう。	私に理由を言いたくないのだろうか。	真紀子さんは「すみません。次回は宿題をやってきます」と言った。	もう何度も謝ったし、反省もしているのだから許してほしい。	先生は私の事を許してくれなかった。

　このように、D.I.E.メソッドを使って分析していくと、誤解の元が明らかになってきます。このケースですと、ジョンさんと真紀子さんのアイコンタクトに対する考え方の違い、先に謝るのが良いのか、理由を説明するのが良いのかについての考え方の違い等が浮かび上がってきます。

　普段の生活の中でも、案外相手のことを決めつけてしまっていることが多いものです。たとえば「Aさんはいつもだらしがない」「Bさんはいつもルーズだ」など。そのようなとき、もう一度Dに戻ってみましょう。つまり、いったい何が起こったのか、どの行動あるいは言動で、そのような判断をしたのか自分で振り返ってみることが大切です。そのうえで、相手がどのような解釈をしているのか、判断をしているのかについて、あらゆる

可能性を考えてみると、実は自分の解釈とは別の考え方をしていることが分かることがあります。

　ここで、大切なのは特に自分以外の相手のＩ（解釈）とＥ（評価）です。前に学んだエンパシー（共感）をここで使っていく必要があります。つまり、「自分だったらこう考えた・感じただろう」ではなく、相手の枠組みから見て、「○○さんだったらこう考えた・感じただろう」というものを発見していかなければなりません。このD.I.E.メソッドは何も国が違う人同士にだけ使うものではありません。もっともっと皆さんの身近なところで起こっている様々な誤解を解くためにも有効です。

ステップアップ エクササイズ

あなたとあなた以外の人との間に起こった誤解の例を考え、あなた自身のD.I.E.の表をセルフチェックと同様に作成してみましょう。

あなたのE （評価、判断）	あなたのI （解釈）	D（描写）	相手のI （解釈）	相手のE （評価、判断）

出来たらもう一度、Dのところを見てIやEに分類されるべきものが混じっていないか確認してみましょう。「〜させられた」などの文章は裏に解釈が潜んでいるので、書き直しが必要です。また、相手側のIとEの部分でエンパシーを使ったかどうかも確認してください。
　このD.I.E.メソッドを使って相手の立場、そして相手の理解の枠組みからも物事を見てみる練習をぜひ今後も続けていってください。

（コミサロフ喜美）

注
1) Althen, G *American Ways: A guide for Foreigners in the United States*. Maine: Intercultural Press, 1988, p. 153

▶2 アサーティブ・コミュニケーション

相手を尊重しながら、自分の意見を伝えるコミュニケーションの方法

セルフチェック

あなたがもし相手と意見が食い違った場合、普段どのような対応をすることが多いですか。

①から⑨までの項目の1から5の中で当てはまるものにそれぞれ○をつけてください。

1（まったくそうではない）　2（そうではない）　3（どちらとも言えない）
4（そうである）　5（正にそうである）

① 相手の意見を聞くと自分が負けるような気になる。
　　　　　　　　　　　　　　　　　　　1　2　3　4　5
②自分の意見を主張すると相手を傷つけるのではないかと心配する。
　　　　　　　　　　　　　　　　　　　1　2　3　4　5
③言いたい事があってもじっと我慢するほうである。
　　　　　　　　　　　　　　　　　　　1　2　3　4　5
④自分と相手と両方が満足いく方法を探ろうとする。
　　　　　　　　　　　　　　　　　　　1　2　3　4　5
⑤何としてでも自分の意見を通す方である。
　　　　　　　　　　　　　　　　　　　1　2　3　4　5
⑥自分の意見を通すことよりも建設的な解決方法を見出そうとする。
　　　　　　　　　　　　　　　　　　　1　2　3　4　5
⑦自分の主張を途中で変えることはあまりない。
　　　　　　　　　　　　　　　　　　　1　2　3　4　5
⑧争いが起るのを避けるため、自分が譲り相手に合わせることが多い。
　　　　　　　　　　　　　　　　　　　1　2　3　4　5
⑨自分の意見も言うが、相手の意見も聞くほうである。
　　　　　　　　　　　　　　　　　　　1　2　3　4　5

○をつけた後、次の方法でセルフチェックしてみてください。
① ⑤ ⑦で○をつけた数字の合計　　A_____
② ③ ⑧で○をつけた数字の合計　　B_____
④ ⑥ ⑨で○をつけた数字の合計　　C_____

　ＡＢＣそれぞれの数字を比べてみて、どの数字が一番高かったでしょうか。Ａに当てはまる項目がどちらかと言うと攻撃的なコミュニケーション、Ｂがどちらかと言うと受身的コミュニケーション、Ｃがアサーティブ・コミュニケーションです。もちろん、これは性格診断テストではなく、あくまで意見の食い違いへの様々な対応について考えるきっかけにしてほしいだけなので、結果にはあまりこだわる必要はありません。

　異文化コミュニケーションをしていると、意見の食い違いが生じることは多々あります。大切なことは、それをどうやって解決していくかということではないでしょうか。そこで必要となってくるのが、このアサーティブ・コミュニケーションです。**アサーティブ・コミュニケーションとは、相手を尊重しながら自分の考えや気持ち、権利について適切に主張するコミュニケーションの方法です。**

　日本の中では、お互いのニーズを察することが美徳とされ、強い自己主張はとかく嫌われることが多いのですが、異文化間のミーティングなどで相手が自分の気持ちを察してくれないようなときには、しっかりと自分の意見を主張する必要に迫られる場合があります。そのようなときに慣れていないと、しっかりと自分の意見を相手に伝えることができなかったり、反対に極端に攻撃的になってしまい相手を傷つけてしまうことがあります。アサーティブ・コミュニケーションを身に付けることにより相手との関係を壊さずに自分の意見を伝えることができます。

　ここで、アサーティブ・コミュニケーションと攻撃的コミュニケーション、そして受身的コミュニケーションとの違いについて説明しておきます。

攻撃的コミュニケーションをとる人は
- 相手の気持ち、考え、権利を尊重しない
- 自己中心的な発言および行動をする
- 相手を責める発言あるいは質問をする（「あなたはいい加減だ」等）

- 相手の話を聞こうとしない
- 解決策を見つけるよりも自分の意見を通すことに集中し、物事を勝つか負けるかという尺度で見る
- 事実を相手に確認せず否定的な前提で話を進める
- 相手を脅して自分の言う事を聞かせようとする

受身的コミュニケーションをとる人は
- 自分の気持ち、考え、権利を明確に表現せずに、相手に理解してもらおうとする
- アサーティブ・コミュニケーションは攻撃的コミュニケーションだと信じている
- 相手を怒らせたくないあまり、自分の気持ち、考え、権利を尊重しない
- 相手に合わせ、自分が主張をせず我慢することで問題の解決を図ろうとする
- 時に我慢に我慢を重ねた結果、自己主張しようとするあまり受身的から攻撃的コミュニケーションにジャンプしてしまうこともある

アサーティブ・コミュニケーションをとる人は
- 相手の気持ち、考え、権利を尊重すると同時に自分の気持ち、考え、権利を尊重する
- 自分の意見はしっかりと主張するが同時に相手の意見も聞く
- 相手に責任を押し付けず、自分で責任をとる
- 相手を攻撃したり、脅したりしない
- 常に相手との間に建設的な解決方法を見出す努力をする
- オープンな気持ちで相手と接する
- むやみに感情的にならず、相手に分かるよう明確に、論理的に話す
- 自分が勝つか負けるかということよりも、相手も自分も納得できるような解決方法を見つけようとする

　このように、アサーティブ・コミュニケーションは、ただ単に強い自己主張をするというものでもなく、相手に合わせるばかりのものでもありません。しっかりと自分の意見を主張しながら、相手も尊重するこのアサーティブ・コミュニケーションの方法をとることで、自分を理解してもらうと同時に相手も理解できるのです。異文化間でコミュニケーションをしているときにや

はり、自分を相手に理解してもらう努力も非常に大切なのです。

良いアサーティブ・コミュニケーションをすることは、良いプレゼンテーションをするためにも重要です。つまり、自分の主張するポイントを明確にし、相手に分かるように論理的に説明し、相手を説得していくことがプレゼンテーションでは要求されます。まずは、いったい自分が相手に伝えたいことは何なのかしっかり把握し、責任を持って自分の意見を主張していくことが大事なポイントです。

では、具体的にアサーティブ・コミュニケーションをするにはどうしたらよいでしょうか。

1．アクティブ・リスニングをする

相手の意見や立場も尊重することが大切なので、相手の言っていることに対して心から耳を傾けて聴くことが大切です。アクティブ・リスニングとは、ただ単に相手の言っていることを聞けばよいというものではありません。オープンでかつ柔軟な心で自分が聞きたいと思っていることだけでなく、たとえ自分が聞きたくないと思っていることも含めて、相手の言っていることを聞くことが大切です。相手の意見を聞くということと、相手の意見に同意するということは別のものです。相手の意見を正確に理解することなしに、賛成も反対もできないはずです。相手の意見に反対するにしても意見を本当の意味で理解したうえでなければ、相手も納得しません。アクティブ・リスニングにはいろいろな方法があります。相手の意見を確認する方法（「あなたのお考えでは、現状のファイリング・システムに問題があるということですね」）、自分の理解が正しいかどうか相手に尋ねる方法等ですが、基本的には相手の話の腰を折らず、相手の言っていることを確認しながら、相手の言おうとしていることを理解することが大切です。

2．オープンエンドの質問をする

「はい」か「いいえ」でしか答えられない質問ではなく、相手が自由に自分の意見を述べることができるような質問形式です。

（例）「これは良いプロジェクトですよね」（はい、いいえでしか答えられない）

「このプロジェクトについてどう思われますか？」（オープンエンドの質問形式）

3．相手を責めずにこちらの状況を説明する「わたし文：アイ・ステートメント」を使う

「あなたは○○だ」と相手を決めつけてしまう文章、「あなた文」ではなく、「わたしは」から始まる文章「わたし文」またはアイ・ステートメントを使う方法です。何か相手との間に問題が発生した場合「あなた文」を使うと相手を非難、あるいは責める文章になりがちで、相手は攻撃されたと感じやすく、その後の話し合いがスムーズにいかなくなる可能性も大きくなってしまいます。また、もしも誤解が生じている場合は、このように決めつけられてしまうと、その場でけんかになってしまいます。しかし、「わたし文」は自分の状況や考え、気持ちを表すので、誤解がある場合は相手も修正がしやすくなります。ただし、日本語ですと、「わたし」という言葉そのものが省略されることが多いのですが、省略されていても、「わたし」という言葉の意味が含まれていればかまいません。

（例1）
「あなたはいつもルーズですね」（相手を責める「あなた文」）
「会議に遅れてくる人がいると私はいろいろな点でやりにくくなってしまうのです」（「わたし文」使用）

（例2）
「毎日夜中の12時に帰ってくるなんて、なんてだらしがないの」（あなた文）
「何の連絡もなく遅くまで家に帰ってこないと、（わたしは）とても心配。だから、必ず10時以降になる時は電話してほしい」（わたし文）

4．相手に対する共感も示しながら、自分の意見を伝える（共感アサーション）

相手の意見について理解したことを伝えます。そのうえで、自分の意見を言うと相手が聞いてくれることが多いのです。なぜなら、相手は自分の意見が分かってもらっていないと感じると、そこでとにかく自分の主張を一生懸命展開してしまいがちです。もちろんですが、相手の意見について理解するということと、相手に同意することとは別のことです。同じことを言われるのでも、分かってもらったうえで言われるのと、分かってもらっていないうえで言われるのとでは、ずいぶん受け取るほうの気持ちも変わってきます。この共感アサーションをするためにも、前に述べたアクテ

ィブ・リスニングやオープンエンド形式の質問をすることが大切なのです。
　（例）相手があるレポートを1日も早く欲しがっている。しかし、自分も今日中に処理しないとならないクレームがあるので、明日の午後まで待って欲しいという状況で。
　「あなたがこのレポートをできるだけ早く欲しいと思っていらっしゃることはよく分かりました。ただ、私も客先からの緊急のクレームを抱えていて今日中に処理しないと大変なことになってしまいます。それを処理してからレポートに取りかかると、半日はかかってしまいます。明日の午後にレポートをお手元にお届けするということでいかがですか」
　（下線の部分があるのとないのではずいぶん受け取るほうの気持ちが変わります。）

5. 相手と自分の立場や意見のどこが違っているのか明らかにする（相違を明らかにするアサーション）

　これは、すでに問題が起こってしまったときなどに使うとよいものです。つまり、自分がこれから起きるであろうと考えていたことや、合意したと思われることと、実際に起こっていることとに相違が生じた場合、または相手と自分の立場に相違が生じた場合、その違いを明らかに主張する方法です。
　（例）以前には、上司からA会社は自分の担当だと言われていたのに、実際はブラウン氏が担当している。本当は自分がその客先を担当したいということを上司に伝えたい。
　「先日、私の仕事内容についてお話を頂いたとき、私がA会社の担当であるとおっしゃっていましたが、その後、ブラウンさんがA会社の担当になったと聞きました。私としてはA会社に関しては私が責任を持ってやっていきたいのですが」

　ここまで、いろいろな方法を紹介してきましたが、アサーティブ・コミュニケーションをするうえで重要なことを次にまとめてみました。

1．相手の言い分、意見、気持ちをしっかりと理解、尊重しようと努める
　　　→　アクティブ・リスニング、オープンエンド形式質問

2．相手の言い分、意見、気持ちをこちらが理解していることを相手に伝える
　　　→　共感アサーション等

3．相手を責めずに自分の主張をしっかりとする
　　→　「わたし文」等
4．感情的にならずに冷静に対処する
5．自分の主張の理由を相手に分かるように論理立てて説明する
　　（当たり前のように思っても案外相手はその理由を分かっていないことが異文化間でのコミュニケーションだとよくある。これぐらいは分かるだろうという前提で話を進めない。）
6．問題の整理に努める
　　→　相違を明らかにするアサーション等
7．解決方法を自ら考え提示する
　　（ただ単に相手に文句を言ったり感情をぶつけるのではなく、建設的な解決方法を共に見出していくことが必要である。）

　この後のセクションにいくつかのエクササイズを載せているので、そのエクササイズを通して、アサーティブ・コミュニケーションのスキルを磨いていきましょう。

（コミサロフ喜美）

[参考文献]

Spencer, J & Pruss, A *The Professional Secretary's Handbook: Communication Skills.* New York: Barron's Educational Series Inc., 1997, pp. 141-190

▶3 相手の話を聞く──エポケー

セルフチェック

　あなたは大学の国際交流課で留学生アドバイザーを務めています。フィリピンからの留学生であるドナさんは大学の寮で日本人の学生たちと一緒に住んでいますが、寮母の木村さんとは何かにつけて衝突し、うまくいっていません。ドナさんはフィリピンの大学にこの寮のことを訴えて来年度の留学先を検討し直してもらうようにすると言い出しました。

ドナ「ここの大学の寮はフィリピン人には合いません。たとえば木村さんは私が電話をかけていると、やかましいといつも注意します。私の部屋に電話がないので、フィリピンに住む両親に電話するときは、部屋の外の廊下にある公衆電話を使っています。小声で話すと自分らしくない感じがするし、両親にも元気な声を聞かせたいです。でも私は気をつけて小声で話していますが、まだうるさいと言われます。フィリピン語が耳障りなんですよ」

　あなたが自然に反応したときに出る言葉は次の①〜④のうち、どれが最も近いでしょうか？　その番号に○をつけてください。
① 自分の意見を言う
　　「ドナさんにとっては小声でも木村さんが聞いたら大声に聞こえるんですよ」
　　「それくらいは気にしないほうがいいですよ」
② 相手に同調する
　　「そうそう、日本人の中には外国人にそういう態度を取る人がいるんですよね」
　　「それってわかるなあ」
③ 相手に同情する
　　「それはひどいですね」
　　「腹が立つね」

④　相手の話を聞いて自分が受け止めたことを確かめる
「ドナさんは、電話をかけるときに気をつけるようにしているにもかかわらず、木村さんがうるさいと注意するのは、彼女がフィリピン語を耳障りと感じているからだと思っているのでしょうか？」
「ドナさんは電話をかけるときは自分らしい声の大きさで話したいのに、それができないから、この大学の寮はフィリピン人に合わないと感じているのでしょうか？」

　日常会話のやりとりでは、①のように自分の意見を述べたり、②や③のように相手に調子を合わせたり、同情することはごく普通に行われます。①〜③のように答えることは間違いではありませんが、誤解や感情的行き違いが高じた結果、ここで何とかしないと関係がこじれてしまいそうというような時や、一緒に仕事を続けていけなくなりそうというような時には、そのような話の聞き方は問題解決に有効とは言えません。同調や同情は「私も前に同じようなことがあった」とか「私が彼の立場ならこう思うだろう」といった自分自身の体験、知識や価値観から相手の話を聞いているので、知らず知らずのうちに「きっとこんな風だろう」、「彼もこう感じているに違いない」と相手のことをわかったつもりになり決めつけてしまう可能性が高いのです。話をよく聞く前に自分の意見を言うのも同じことです。
　このケースでは留学生アドバイザーであるあなたは、ドナさんと木村さんの関係、そしてこの大学とフィリピンの大学の関係が破綻してしまわないように、さらにドナさんが有意義な留学生活を過ごせるように、話をしっかりと聞いて状況をよく把握し理解しなくてはいけません。④の自分が聞いて理解したことを相手の人に返して確認するという行為は、相手のことを決めつけず、同時に自分の考えは留め置くという姿勢を表しています。このように、自分の判断や評価をいったん脇に置いておこうという姿勢でリスニングして物事を認識する方法を**エポケー**（判断停止または判断留保）と呼びます。アクティブ・リスニング（第7章2節参照）よりもう一段階自分の判断を留めた慎重な聞き方です。④の文章は疑問文で書かれていますが、これは質問ではありません。あくまでも話を聞くときの「姿勢」ですから「私はあなたが言ったことをこんな風に受けとめましたよ。これで

良かったでしょうか？　あなたのことを教えてくださいね」という共感的な気持ちから発せられた確かめの言葉です。

　試しに④を相手に対する「質問」として「あなたが言っていることは要するにこういうことですか？」という気持ちで言ってみてください。次に「エポケー」的姿勢で言ってみてください。同じ言葉でも「質問として発せられると、相手を問いつめているように聞こえます。また、語尾は上げ気味にして「〜と感じているのでしょうか？」と構えずゆったりとした気持ちで、やさしく問いかけてください。語尾が下がると印象が変わります。「〜と感じているのですね」や「〜と思っているんだよね」と言うと決めつけるような感じがします。実際に口に出して言ってみて違いを感じてください。

　エポケー的な姿勢で聞くことはカウンセリングでは日常的に行われています。エポケーは、カウンセラーにとって「ある日突然目の前に現われ、自らが経験したことがない世界を語りだす『日常と異なる事象』としての存在」[1]であるクライエント（患者）が、どのような枠組みで物事をとらえ認識しているか、共感的に理解するために必要なリスニングの姿勢です。文化的枠組みが異なる相手とやりとりをする異文化コミュニケーションでも大変重要と言えるでしょう。

　相手の文化についての知識を深めることは異文化コミュニケーションの一助となりますが、それで十分なわけではありません。私たちが顔を合わせてコミュニケーションする相手はその文化を代表するわけでなく、価値観や解釈には個人差があったり、その時の状況に左右されることもあります。文化の類型化にこだわりすぎると、ステレオタイプにもとづくコミュニケーションとなる危険性もあります。私たちは異文化コミュニケーションにおいて、「今」「ここで」現在進行形で起こっていることや実際に目の前にいる相手を知りながら関わっていくことの重要性に注目したコミュニケーション能力も同時に育成していくべきです。

　異文化の対人関係で特に「ここでよく相手側の話を聞いて話し合わないとだめになりそうだ」という時には、エポケー的姿勢でリスニングをすることが役立ちます。エポケーは不確実で予測が難しい状況において、また自分と異なる枠組みで物事を認識する人と接するとき、相手を知りながらコミュニケーションすることに役立ちます。

　異文化間心理学者の渡辺文夫はエポケーを体験的に学ぶ方法として「エ

ポケー実習」を考案しました[2]。エポケー実習には、二人一組になり第一ステップとして絵を描いての実習と、第二ステップとして話題を設定しての実習がありますが、ここでは第一ステップのみを紹介します[3]。実習の中で絵を描くのは話をしやすくするためなので上手下手は関係ありません。課題が「大切なこと」なのは相手のことをよく知ろうとするエポケー的リスニングの練習に向いているからです。他のことでも実習は可能です。

絵を描いての実習
- 二人一組ABのペアを作る
- 「自分にとって大切なこと、もの、ひと」を絵に描く
- Aは、Bに自分の絵を説明する。
- Bは、Aの説明を聞き、「あなたは、〜を大切に感じているのでしょうか？」と自分の理解を断定せずに、共感的に慎重に「確かめる」。この時、質問や自分の判断、意見などを言わない（これがエポケーになる）。
- Aは、Bの「確かめ」を聞き、さらに話を続ける。
- Bは、さらにそのAの話を「確かめる」。
- 話が収束するまでこれを繰り返す。
- 講師は、AにBから「確かめ」を受けてどのように感じたかを発言させ、その発言に対してエポケーをし「確かめる」。

二人一組で練習することができないときや、実際にエポケーをするときは、渡辺の提案したエポケー実習の方法に従って次にまとめた「エポケー実践編」を参考にしてください。

エポケー実践編
友人、家族や同僚、顧客の話を一生懸命聞かないといけない状況（たとえば相談を受けたり、問題を解決しようとしているときや、気持ちを訴えかけられているようなとき）での実践編。

▶A＝話をしている人　B＝あなた
1）AはBに話をする。
2）Bはそれをひたすら一生懸命聞く。質問は一切しない。うなずいたり、あいづちを打ってもかまわないが（「はい」「うんうん」「そうですか」「なるほど」「それで」等）、自分の考え・評価・判断（「私もそう思い

ます」「それはいいですね」等）を言わない。途中で自分の考えが浮かんできたり、質問したくなる気持ちが出てくるのは当然だが、それを押さえ込むというよりは、ひとまず脇に置いておく（エポケー）。

3）Aが一通り話し終わったらBは次のような言葉で自分なりに受け止めたことを言葉に表して「確かめ」をする。

「Aさんは、～と感じておられるのでしょうか？」「～と感じているの？」
「Aさんは、～と思っておられるのでしょうか？」「～と思っているの？」

エポケーはリスニングの姿勢なのでこの言葉づかいに必ずしも固執する必要はありません。しかし、最初は不自然さを感じるかもしれませんがこの形でエポケーに慣れましょう。「～と思うのかしら？」「～と感じるのかな？」「～でしょうか？」等でもかまいません。「質問」や「決め付け（～ですよね）」にならなければよいのです。また、ここでは「自分が理解したことが当たっているかどうかに気を取られないこと」[4]が大切です。ちゃんと当てられるだろうか、相手にそれは違うと思われないだろうかといったことに気を取られるのは、自分自身の評価を気にすることであり、関心が自分に向いていると言えるでしょう。当てることが目的ではないので、相手の話に興味を抱き、思いを受け止めて理解することに集中しましょう。

4）Aはそれを受けて続けて話をする。「ええそうです、それで…」「ちょっと違うんです。それは…」。BはAの話を聞いて、同じ手順で再度「確かめ」をする。話が自然に終わるまでこれを繰り返す。

エポケーをすると、話を聞くことに集中するので相手の話の腰を折ったり、自分の意見を途中で差し挟んで相手が本当に話したかった話題からそれてしまうことを防げます。話を確認するときは相手の使った言葉や表現をそのまま使ってもかまいません。また、相手が長く話しつづけて様々な事がらが出てきたときは、その人が最も強く感じていると思えたことや最後のほうで言っていたことについて「確かめ」をすると、その後も続けて対話することがスムーズになるでしょう。

エポケーで話を聞いてもらった人は否定や批判をされないので安心して話せ、また「確かめ」てもらうことで真剣に聞いてくれたと感じ、自分の気持ちを自ら整理して問題点や不安をまとめやすくなります。しかし、常にエポケーをする必要はなく、ポンポンとテンポよく言い合うほうが会話

の盛り上がることもあります。エポケーは「ここは相手の話をよく聞かなくては」とか「相手の気持ちと真剣に向き合わなくては」とか「問題をよく理解して慎重に対応せねば」といった場面で活用してください。

　これは、けっして受け身のコミュニケーションではありません。自分の考えやアドバイスを言うにしても、異文化コミュニケーションでは、まず相手の訴えかけていることの中身を確かめて話をよく聞くことで、文化的なギャップがある解釈や判断を留保し、相手の文化的・個人的世界に耳を傾けてから、意見を述べたりアドバイスをするほうがずっと賢明です。

　異文化における対人関係で摩擦や問題が生じ、そのことで話し合わなくてはいけなくなったときも、最初から相手に対抗して自分の立場を懸命に主張するより、相手の話を確かめながらよく聞き、何に困惑し何を問題と感じているのかを理解してからのほうが、より的確にあなたの思いを伝えて考えを主張できるではありませんか。二人の意見がたとえ合意に至らなくとも、あなたに真剣に聞いてもらったという満足感があれば今後の互いの関係に良い影響をもたらすことでしょう。

ステップアップ　エクササイズ

　エポケーを使ったリスニングで、あなたはどんな風に「確かめ」をしますか？　下線部にあなたの言葉を書き入れてください。

① あなたはカナダにある日本企業の工場長を務めています。部下でありチーフ・マネジャーの中田さんは駐在１年目ですが、カナダ人スタッフからの評判が悪く職場の雰囲気がまずくなってしまいました。あなたは中田さんとスタッフの意見をよく聞いてこの問題に対処したいと考えています。

スタッフ：彼はともかく理不尽です。仕事の指示出しも満足にできない人がリーダーシップを取るのは疑問です。書類作成を頼むときも、いつまでにやってほしいと期限をきっちり言わずに、「できるだけ早く」と言っておいて、翌日できていないと私に文句を言いました。仕事の優先順位くらい私だって考えて働いています。

あなた：
「(あなたは、)＿＿＿＿＿＿＿＿＿＿＿＿＿＿＿＿＿＿＿＿＿
＿＿＿＿＿＿＿＿＿＿＿＿＿＿＿と感じているのでしょうか？」

② あなたはアメリカ合衆国東部にある大学に留学して寮に住んでいます。ルームメートのリチャードには気を遣っているつもりですが、普段からなんとなく二人の関係はぎくしゃくしています。リチャードが部屋の冷蔵庫の中にあるあなたが買った飲み物や食べ物を無断で食べてしまうので、そのことを共通の知り合いであるメアリーに相談して、彼女から言ってもらったところ、リチャードはものすごく怒ってしまいました。あなたはこの機会に彼のことも理解して話し合いたいと思います。

リチャード：メアリーに僕の悪口を言うなんてひどいな。飲み物を僕に飲んでほしくないのなら、どうして一言そう言わないんだい？ 君が買ってきたものだとは知っていたけれど、次回は僕が買っておけば問題ないだろう。それを言いふらすなんて、僕をそんなに悪者にしたいのかい？ わざわざ彼女に相談するようなことではないだろう。

あなた：
「(君は、)＿＿＿＿＿＿＿＿＿＿＿＿＿＿＿＿＿＿＿＿＿＿＿
＿＿＿＿＿＿＿＿＿＿＿＿＿＿＿＿＿と思っているの？」

●解答例と解説

①「あなたは、中田さんが理不尽で書類作成を頼むときの期限をきっちり言わないので、彼のリーダーシップに疑問を感じているのでしょうか？」
「あなたは、中田さんがスタッフに明確に指示を与えないのが原因なのに、あなたが文句を言われて責められているように感じているのでしょうか？」
「あなたは、仕事の優先順位を考えながら働く能力のある人なのに、中田さんの指示出しミスをあなたのせいのように思われるのはたまらないと感じているのでしょうか？」

　日本では期日をはっきり言わないで「できるだけ早く（As soon as possible)」だけでも、プロジェクトの進行状況や上司の顔色や声の感じか

ら、それがどれくらい早くという意味なのか分かってもらえることを期待しがちですが、カナダを含む低コンテキストな社会では何日何時までにと明確に指示することが必要です。中田さんの何かにつけて「これくらい分かってもらえるだろう」というコミュニケーションが衝突の原因でした。エポケーを続けていくと、スタッフは仕事がうまく運ばないことが自分の能力欠如のように中田さんから思われることに大変プライドを傷付けられていることが分かりました。

②「君は、次回は君が飲み物を買ってくれるつもりだったのに、僕がそれを聞く前にメアリーに不満を言ったという風に思っているの?」
「君は、僕が冷蔵庫の飲み物のことで君と話をせずに、メアリーに悪く言ったように思っているの?」
「君は、僕が君にどうしてほしいか直接言わずに、陰で文句ばかり言っていると思っているの?」

　日本では相手との関係が大切だからこそ第三者を通じて問題解決を図ることがありますが、アメリカでは本人同士が直接話し合うことのほうが好まれます。直接の衝突原因は、あなたがメアリーに相談したことをリチャードが陰口だと思ったことでしたが、エポケーで話を聞き続けると実は普段からあなたがリチャードにストレートにものを言わないことが彼のストレスになっていたことが分かりました。あなたはどうしてリチャードに直接言いづらかったのかを説明して、彼にもあなたのことを分かってもらえるよう話し合いました。

(山本志都)

注
1) 渡辺文夫「『関係は本質に先立つ』か」『コミュニケーション教育の現状と課題』東海大学教育開発研究所編、英潮社、2000年、p.37
2) Ibid. pp.36-8
3) 話題を設定しての実習では手順を同じくして「海外派遣の自分にとっての意味」などの話題を提示し、「あなたは、〜を意味があると感じているのでしょうか?」と確かめていくことが説明されている。
4) 渡辺文夫「『いま、ここで』を生きる」『医療への心理学的パースペクティヴ』渡辺文夫・山崎久美子・久田満著、ナカニシヤ出版、1994年、p.73

▶4 相手を責めない ── アイ・ステートメント「わたし文」

　コンフリクトが生じたときの行動の基礎には、大きく分けて次の3つの立場があります。

　　「わたしはOK、あなたはOKでない」　……　攻撃
　　「あなたはOK、わたしはOKでない」　……　受け身
　　「わたしはOK、あなたもOK」　…………　アサーティブな
　　　　　　　　　　　　　　　　　　　　　　自己表現

> **セルフチェック**
>
> 　人間関係でコンフリクトが生じたとき、攻撃的な反応をする人と、受け身な人と、アサーティブな自己表現をする人の立場がありますが、あなたならどうしますか？

攻撃的な反応をする人の立場
　わたしはOK、あなたはOKでない。私はあなたの心に遠慮なく踏み込んで、けなしたり攻撃したりする。悪いのはあなたなのだから、邪険に扱われても仕方ない。

受け身が多く、自分を抑えてしまう人の立場
　あなたはOK、わたしはOKでない。あなたに何か言うとき、とても気を遣う。あなたが何か私の気持ちを傷つけるようなことをしても、私はあなたを怒らせたくないし、いやな思いをさせたくない。私は自己主張できる人ではないから、我慢するほうがいい。

アサーティブな自己表現をする人の立場
　わたしはOK、あなたもOK。私は自分の気持ちを遠慮しないであなたに伝える。あなたの言いなりにはなりません。そしてそれはあなたも同様。遠慮しないでなんでも言ってほしい。そのことであなたを責めたりはしない。

ステップアップ エクササイズ

　次のケース1〜3を読み、受け身的・攻撃的・アサーティブ・コミュニケーションの3つの違いをよく理解してください。ケース4〜6はあなた自身で考えて記入しましょう。受け身・攻撃・アサーティブのうち最も簡単に記入できるのは、どのコミュニケーション態度でしょうか？攻撃は「あなた文」なのに対してアサーティブ・コミュニケーションは「わたし文」なのを思い出して、アサーティブの欄には「わたし」が本当にその件について感じていること、望んでいること、伝えたいことを記入しましょう。アサーティブ・コミュニケーションは自分の本音と向き合わないといけないので、照れくさかったり、相手を責めるほうが楽なこともあります。受け身的コミュニケーションの多い人は「相手を傷つけたくないので受け身になります」と言いますが、これは一見思いやりのように見えて、実は自分が傷つかず、また責任をとらなくて済む自己防衛の方法でもあるということを自覚しておきましょう。

▶ケース1
　私は飛行機の窓側の席に座ってます。着陸後、隣の通路側に座っている若いカップルは乗客全員が出てしまうまで待っています。私は別の便に乗り換えないといけないので、早く降りたいのですが…。

受け身的	攻撃的	アサーティブ
やきもきしながらも彼らが去るまで自分の席にいる。胃が痛くなる。	「あなたたち早く降りてくれないと迷惑でしょ」	「通してくださいませんか。急いで乗り換えないといけないので」

▶ケース2
　友達から電話がかかってきて長電話が終わりそうにもないが、私は宿題のレポートがあります。夜中の12時だし、そろそろ切ってほしいのですが…。

受け身的	攻撃的	アサーティブ
（本当はそんなことはないのだが、）「あっ、キャッチホン入ったから、切るね」	「もう寝たら？おれ忙しいんだよ」	「悪いけど、まだ宿題のレポートを書き終えていなくて、今からやらないといけないんだ」

▶ケース3
　夫と久しぶりに海外旅行に出かけることになりました。ガイドブックを見て観光地を調べたり、いろいろと一緒に計画を立てて楽しみたいと思うのですが、夫は何もしようとしません。あなたはがっかりした気持ちですが…。

受け身的	攻撃的	アサーティブ
「あなたは忙しいのだから気にしなくていいのよ」	「どうして何もしてくれないの？旅行のことどうでもいいと思っているの？」	「旅行で二人の時間が持てるのが本当に楽しみなの。だから私一人で計画を立てるのは淋しいな。あなたも手伝って」

▶ケース4
　私は地域に在住している外国人支援の活動を行う民間ボランティア団体の役員をしています。連絡事項をまわさないといけないときは、電話で行いますが、イタリア人のレオナルドさんはいつも深夜に電話をかけてくるのです。私はその時間寝ていることが多いのですが…。

受け身的	攻撃的	アサーティブ

▶ケース5
　熱心なキリスト教信者で韓国人の朴さんから一緒に教会の礼拝に行こうと誘われました。私は当日風邪をひいたので断りの電話をかけましたが、朴さんは「あなたと会うのを楽しみにしていたのに、風邪は薬を飲んでマスクをしていれば大丈夫。私のこと大事じゃないの？」と強く誘ってきます。私はキリスト教信者ではないのでそれほど教会には興味がなく、また無理をしてまで行くのはつらいのですが…。

受け身的	攻撃的	アサーティブ

▶ケース6
　国際交流の会で知り合ったミミはインドネシアからの留学生ですが、家庭の経済的事情から生活に十分なお金がないようです。ある日ミミから「妹に子供が生まれたからお祝いしたいがお金がありません。10万円貸してください」と頼まれました。私は同情しているのですが、本音を言えば貸したくはありません。

受け身的	攻撃的	アサーティブ

● 解答例

ケース4

受け身的：電話を留守電にしておいてかかってきても出ない。

攻撃的：「何時に電話しているのか分かってますか？　時間感覚がずれてるよ」

アサーティブ：「私は夜寝るのが早いから10時以降は電話しないでほしいな。朝早くの電話ならかまいませんよ」

ケース5
受け身的：このことで朴さんの気持ちを害して、もう誘ってもらえなくなると嫌だから、体が辛いのを我慢して教会に行く。次回は一緒に他の所に行けるだろうと期待しつつ…。
攻撃的：「風邪をひいていると言っているのに、無理に誘うなんてひどいよ。朴さんこそ私のこと大事に思っていないんじゃないの？」
アサーティブ：「私も朴さんと会うのが楽しみだったから残念。風邪が治ったら会おうよ。私は前から朴さんと韓国映画を観に行ったりしたかったんだけど、どう？　今日は本当に体が辛いから出かけられないの」

ケース6
受け身的：本当は貸したくなかったが、断るとどう思われるか分からないから10万円貸す。ミミとはあまり親しく付きあわないようにしようと思う。
攻撃的：「日本人だからってお金に余裕があると思わないでください」
アサーティブ：日本でも出産祝いに知人なら5千円ほどお祝い金を贈ることもあるのだからと考えて「できれば力になりたいけど10万円は私にとっても大金です。少ないけどお祝い金を差し上げたいと思うんだけど」。または、お金の貸し借りは一切したくないので「ミミさんの気持ちは理解できるんだけど、お金の貸し借りはしたくないと思っているんです。他のことならお手伝いしますよ」

(山本志都)

[参考文献]
バトラ・パメラ著、山田真規子監訳『女性の自己表現術』創伝社、1996年

▶5 アサーション・総合エクササイズ

これまで、アサーティブ・コミュニケーションについていくつか学んできましたが、ここで、これまで学んだスキルを使ってまとめのエクササイズをやってみましょう。

セルフチェック

次のケースを読み、アサーティブ・コミュニケーションの様々なスキルを使って、別紙に会話を作成してみてください。

あなたはある機械メーカーの技術担当の田中課長です。あなたのところに、1か月前入社したばかりのアメリカ人のエンジニアのスミスさんが配属されてきました。修士号も持っている優秀なエンジニアなのですが、どうも不満を持っているらしく、あなたのところにやってきました。

スミスさん「田中課長、最初この会社に入社した時には、私は研究所の仕事をさせてもらえると聞いていました。しかし、現在は工場で勤務しています。なんとか、私は研究所の仕事をぜひやりたいのですが(相違を明らかにするアサーション)」

田中課長「スミスさんが工場の現場での仕事ではなく、研究所の仕事をしたいのはどうしてですか(オープンエンド質問)」

スミスさん「わたしは修士号を持っているエンジニアです。このままでは時間の無駄で、せっかくの私の専門性も活かされていないし、自分のことを評価されていないのではないかと不安です」

この後の会話をアサーティブ・コミュニケーションを使って完成させましょう。

そのときに会話だけでなく、アサーティブ・コミュニケーションのどのスキルを使っているかも考えてみましょう。田中さんは工場の現場で働くことによって現場を知り、その体験を研究所での仕事に活か

していくことが大切であること、研究所のエンジニアは皆工場の現場を体験していること、現場の人たちとの人間関係を築いていくことが必要なこと、けっしてスミスさんのことを過小評価しているわけではないこと等を説得する必要があります。スミスさんの言い分にも十分耳を傾けながら後を続けてみましょう。

●解答例

たとえば、このように会話を続けてみたらどうでしょうか。

田中課長「それでは、スミスさんは工場の現場で勤務になったということで、自分が評価されていないというように感じているのですか(アクティブ・リスニング)」

スミスさん「そうです」

田中課長「そうですか。スミスさんのお気持ちはよく分かりました(共感アサーション)。実はスミスさんがまず最初に工場勤務になったのは、あなたのことを高く評価しているからなんですよ。この会社では、研究所に勤務するものは修士号を持っていても皆、最初は工場の現場で少なくとも2か月は勤務することになっています。それは現場を知ることでより研究にも応用でき、また現場の人との人間関係も築くことができるので、のちのち仕事がやりやすくなるからなのです。ですから、私としてはぜひともあなたにここ2か月間工場の現場をよく知ってもらい、そのうえで研究所での仕事に活かしていってもらいたいと思っているのです(わたし文)」

スミスさん「それでは、私が評価されていないからというわけではなく、今後のことを考えていただいたうえでの配置だったということですね(アクティブ・リスニング)」

田中課長「そうですよ。そういった意味でここ2か月間工場の現場で現状をしっかり把握するというのはどうですか(オープンエンド質問)」

スミスさん「そういうことであれば、承知しました」

ステップアップ エクササイズ

　今度はあなた自身のケースを考えてみましょう。何か相手に対して主張しなければならない状況、あるいは問題や誤解が起こった状況を思い出してみてください。その状況でアサーティブ・コミュニケーションのスキルを使って会話を完成させてください。

（コミサロフ喜美）

異文化シミュレーション

　異文化コミュニケーションを教えるときに用いられる研修方法には、本書にあるようなエクササイズの他に、シミュレーションやカルチャル・アシミレーター（文化的同化訓練法）、フィールド・ワークなどがあります。ここでは、シミュレーション（擬似体験学習）プログラムを数点紹介します。シミュレーションでは、知識、感情、行動の3つの側面を総動員して自己気付き、他者気付きを体験するのが目的ですが、それぞれのシミュレーションには、特定の学習目的が設定されていますので、それを確認してから自分の目的に合ったシミュレーションを選択することが大切です。

　異文化シミュレーションは、異文化状況での違和感やストレスを伴いますので、参加者間に信頼が出来上がっている状況で用います。初対面の人々で行うのはあまりお勧めできません。また、シミュレーションをファシリテート（実施）する人は経験者でなければなりません。それは、複雑な手順を踏んでシミュレーションを行う必要があること、それから、体験学習のまとめと意味付けをする振り返りのセッションが異文化のスキルを必要とする作業であるからです。

　正しくファシリテートされた異文化シミュレーションからは多くのことを実に印象深く頭と心に残る形で学習することができます。おもしろそうだからと安易に異文化シミュレーションをすると、期待した学習効果が得られないばかりか、かえって否定的なステレオタイプを作ってしまう危険性すらあります。異文化シミュレーションを行う場合は、ファシリテーション・スキルを習得してから行ってください。

　異文化コミュニケーション学会　SIETAR JAPAN（次ページ参照）では異文化シミュレーションを体験する機会とその実践方法の研修を行っています。また、新しいシミュレーションの製作を支援する研究会活動も行っています。異文化シミュレーションをファシリテートしたい方は、先ず参加者としてシミュレーションを体験し、次に、経験あるファシリテーターの下で学び一人で実施できる自信をつけてから、実際のトレーニングを行ってください。

異文化コミュニケーション学会　SIETAR JAPAN
　　　　連絡先：荒木晶子
〒194-0213　東京都町田市常磐町3758
桜美林大学文学部
言語コミュニケーション学科
荒木晶子研究室気付
Tel：042-797-2661
e-mail：shokoark@obirin.ac.jp

▶ アルバトロス

■目的と概要

このシミュレーションの目的は、文化背景の異なる自分とは違った価値観をもつ人々を理解し、より良い人間関係をつくるためのコミュニケーション能力を養成することです。そのためには、自分の文化的な偏狭に気づき、異なる価値観を受け入れる柔軟性をもち、自分自身のものの見方を広げていくことが大切です。

「アルバトロス」（Albatross）は前半のアルバトロスの代表者（男女）による歓迎の儀式のシミュレーション（疑似体験）と後半のディスカッションと振り返りの2部で構成されています。

■人数・時間

最適な人数は12人から15人位。できれば、男女比は半々位にすること。全員必ず参加すること。所要時間は1時間半から2時間。

■道具

① 手を洗うボールと水　1個
② 飲み物を入れるボール1個（参加者全員が飲める大きめの入れ物）と飲み物
③ お皿に入れた食べ物（参加者全員が一口ずつ食べられる分量）
④ アルバトロスの代表の服（布、シーツなど）。その時に応じて、キャンドルお香など。
⑤ 参加者が床に座るので、場所はできれば、カーペット敷の場所が望ましい。

■手順

① 参加者はすでにサークルになって椅子あるいは床に座り、アルバトロスの代表を待つ。
② アルバトロスの代表二人入場。二人ともアルバトロスの布の服をまとい、男性が先、女性は男性の後ろから入場。男性は靴をはき、女性は素足で歩く。
③ まず、アルバトロスの男性は椅子に、女性は床に座る。

④ その後、アルバトロスの代表者は、参加者の中で椅子に座っている女性を床に、床に座っている男性を椅子に座るように、アルバトロス語（賛同を示す「ウーン」、不賛同を示す「スー」、注意を引く「舌打ちの音」）を使ってうながし、女性には靴をぬぐよう指示する。
⑤ 全員が正しい位置についたことを確認し、まず男性同士の歓迎の挨拶をはじめる。
男性は肩と腰に手をやりながら、片方の足で立ち、あげた足を擦りあわせながら、挨拶をする。アルバトロスの女性代表者は、参加者一人ひとりの女性の前に座り、正座して床に手をつき、お辞儀をする。
⑥ 全員への挨拶が終わると、所定の位置についたアルバトロスの代表者は、男性は椅子に座り、その横に女性が床に座ったままで、男性が女性の頭に手をふれながら、参加者に挨拶をする。
⑦ 次に、アルバトロスの女性は、ひざまずいて水の入ったボールをアルバトロスの男性の前に差し出し、男性は水に手をつける。すべての参加者の男性が同じ動作をする。男性すべてがボールに入った水に手をつけ終わると、女性は所定の位置に戻り、二人で参加者に挨拶をする。
⑧ 次にアルバトロスの女性は食べ物をアルバトロスの男性の口に運ぶ。男性はお腹をさすり、「うーん」と声を出しながらおいしそうに食べ物を食べる。そのあと、アルバトロスの女性は、すべての男性の口に食べ物を入れてまわる。男性が食べ終えると、今度は参加者の女性に食べ物を差し出す。女性は自分で食べ物を食べる。全員が食べ終わると二人で参加者に挨拶をする。
⑨ 次にアルバトロスの女性は、大きなボールに入った飲み物を持ってくる。まず、最初にアルバトロスの男性が飲み、その後すべての男性が飲み終わってから、女性が続き、全員が飲み終わったところで、代表者二人で挨拶をする。
⑩ 次に、アルバトロスの代表二人は、参加者の女性のまわりをアルバトロス語で話し合いながら、一人の女性（参加者にはわからないように、足の大きな女性）を選びだす。アルバトロスの男性の椅子の両側にアルバトロスの女性と参加者から選んだ女性が座り、男性は二人の女性の頭に両手をおきながら挨拶をする。
⑪ 最後に、アルバトロスの男性が参加者の男性一人ひとりに片足立ちで挨拶をし、女性は参加者の女性一人ひとりにお辞儀をする。その後、

先ほど選ばれた女性を連れて、会場から退出して、第１部のシミュレーションの部分は終了する。

■**振り返り**（約１時間半）
　多くの参加者は、自分の疑似体験と観察を通してアルバトロスの文化を「男性が先に食べたり、飲んだりしている。男性だけが靴をはいていて、女性は素足で歩いている。男性だけが椅子に座り、女性は床に座わっている」ことから、「女性が男性に服従している」「アルバトロスの文化は男尊女卑の社会」と解釈してしまう傾向があります。私たちがこのような場面に遭遇すると、なぜ、みんな一様にこのような感情をいだくのでしょうか？私たちは、どうやってこのようなものの見方を学んできたのでしょうか？
　これこそが、私たちが幼い頃からの直接体験を通して無意識の内に学習してきた内在化した文化のものの見方であり、その文化内の人にとっては、自然な解釈の仕方なのです。しかし、文化が異なるということは、自分自身の文化基準が通じない、まったく異なった世界観も存在することに気づくことが必要です。
　それでは、実際のアルバトロスはどんな文化をもっているのでしょう。「アルバトロスは平和を愛し、外国人を心から歓迎し、親切で心優しい人々で成り立つ社会です。人々は「言葉数が少なくてもお互いによく理解することができる」、そんな社会に生きています。特に人間が生きていくうえで大切な穀物などの恵みをもたらす神は、大地に宿ると考えられています。また、この地上に生命を送り出す女性はとても大切にされ、尊敬されている社会です。聖なる大地を踏みしめることのできるのは、女性だけであり、女性は素足で大地を歩くこと、大地に直接触れることを許されています。
　残念ながら、男性は靴をはいて椅子に座らなければならず、神に祈る時も女性とは違い、女性を通して神（大地）に触れることが許されています。食べ物も女性は自分で食べ物を食べますが、男性が食事をする場合は女性の助けが必要です。男性が先に食事をするのは、もしも毒などが入っていた場合には、まず男性が女性の盾になることが期待されているからです。アルバトロスの女性で美人の条件は、神である大地を踏みしめる足が大きいことが条件ですので、足の大きい女性は、とても尊敬されます。参加者から選ばれた足の大きい女性も、尊敬の念を表すために選ばれました」

このエクササイズをすることで、私たちが、いかに文化のフィルターを通して物事を見ているのか、またどんなに客観的に物事をとらえていると思っても、その見方さえ多大な文化の影響を受けていることに気づいてきます。

(荒木晶子)

[参考文献]

Theodore Gochenour, "The Albatross", Beyond Experience, The Experiential Approach to Cross-Cultural Education, Revised Edition, Intercultural Press, INC. 1993 pp. 119-127

Donald Batchelder and Elizabeth G. Warner (Edt.), Beyond Experience: The Experiential Approach to Cross-Cultural Education, The Experiment Press, Brattleboro, Vermont, U. S. A. 1977

▶スターパワー

■目的：
　人間の心に内在する権力欲に気付くこと。さらに、不当な権力に対抗するためにどのような平和的手段を考え出せるか、実行できるか疑似体験する。
　3つのグループに分かれて、チップの取引きを行い、出来高によりグループ分けが行われる。各グループ間で競争が起き、出来高の高いほうはますます良い結果が出るようなシステムになっている。グループ間に緊張関係が生じ、ゲームを続行できなくなる。ゲームを終了し振り返りのセッションに入る。

■道具
　Simulation Training System, P.O. Box 910, DelMar, CA 92014, USAからスターパワー用キットを購入する（マニュアル、ルールシート、5色のチップ、ボーナスチップ、点数シート等）。自由に動き回れる部屋。人数分の椅子。

■人数・時間
　人数：18人から35人位まで。
　時間：1時間半から2時間。

■手順
① スコアシート、ルールシートを見やすいところに貼り出す。得点記録表を板書する。
② 参加者は会場に設けた3つの円内の椅子に自由に好きなところに座る
③ シミュレーションのプロシージャーおよびチップ交換のルールを説明する。
④ 参加者に各自チップを袋の中から5個取らせる。その後、5分から10分間チップ交換セッションを行う。
⑤ 交換セッションが終了したら、参加者は手持ちのチップ上位5つの合計点を出し、出来高に基づき高中低の3つのグループに分けられる。
⑥ 第2回目の交換セッションを行う。このとき、出来高のトップ・グル

ープは高額チップがたくさん入った袋からチップを選択できる。
⑦ 交換セッションを終了し、合計点を出させ、グループ分けの調整を行う。時間があれば、交換セッションを繰り返す。
⑧ ここで、ファシリテーターは、トップ・グループの功績を高く評価し、かれらにゲームのルールを作る権利を与えると宣言する。トップ・グループは新しいルール作りのための協議に入る。他の２つのグループは要望書を作成する。
⑨ 新しいルールが発表される。
⑩ 新しいルールに基づいて交換セッションが開始される。
⑪ グループ間の緊張が高まり、ゲームの続行が難しくなったら、シミュレーションの終了を宣言する。

■振り返り
以下の質問をすることにより振り返る。
① トップ・グループはどのようなルールを作ったか、どうしてそのようなルールを作ったのか理由やそのときの気持ちを説明してください。（現実の社会でも、特権階級がこのような理由でルールを一般の人々に強制することがありますか。）
② 他のグループはトップ・グループの作ったルール（理由も含めて）にどのような感情を抱き、どのように反応しましたか。どのような行動を起こしましたか。
③ 権力を獲得したときの気持ち、失ったときの気持ち、また、そのときどきの自分の行動について報告してください。
④ このシミュレーションを通して、どのような自己発見、他者発見がありましたか。
⑤ このシミュレーションでは金持ちはますます金持ちになり、貧乏人はますます貧乏になりました。これは、私たちの社会の仕組みと似ていますか。もし似ているとするなら、私たちの社会の有り様は、それで良いのでしょうか。
⑥ 人より優れたい、秀でたい、特権を得たいというのは人間の自然で健全な感情でしょうか。この気持ちと人々に平等の機会を与えるという気持ちを両立させるための倫理的規範はどのようなものなのでしょうか。

⑦　各グループは相手が何をしようとしているか分かっていましたか。それとも、そこに、誤解や思い違いがありましたか。どのようにしたら互いの意志をより正確に迅速に理解できたでしょうか。現実の世界でも、国々は互いの意志を読み誤りますが、どのような事例をあげることができますか。誤りを繰り返さないためには、どのようなことをしたら効果があると思いますか。

⑧　競争ではなく協力し合うことがおもしろい、そのようなゲームを作ることができますか。アイディアを出し合ってみましょう。

（八代京子）

▶レインボー・ミッション

■概要
「バファバファ」のような異文化交流体験を行うシミュレーション・ゲームの特徴を備え、かつ時間を短縮し日本人になじみやすいゲームを目指して開発されたゲームです。小学3年生以上を対象とした子供版も開発されています。

保守／伝統的なレッド、芸術／優越的なブルー、革新／教育的なゴールドの色で表される3つの異なる文化集団が、自分たちのカラーカードについて、それぞれの信念に基づいた使命を果たすために行動します。3文化が接触した時に起こるカラーカードを使ったやりとりが舞台です。共通言語はなく、限られた言葉と非言語コミュニケーションのみでやりとりします。その後3つの集団が集まる接触場面において、与えられた時間内で最も効果的に自分たちの使命を果たすことのできた集団の勝利とします。

■目的
異文化間の衝突やカルチャーショックを体験すること。自文化中心主義を検証し気付きを深めること。多文化共生について考えること。

■道具
折り紙（赤・青・ゴールドそれぞれ人数分×20枚程）、文房具セット（ハサミ、セロハンテープ、自分たちの集団色のマジックペンやひも、袋、包装用紙等）、全員で動ける大きさの部屋1、作戦会議用の部屋2

■人数・時間
12人～40人程度（それ以上でも不可能ではありません）。

90分（時間配分例：ゲームの説明15分、各集団での準備時間30分、ゲーム時間15分、デブリーフィング30分）

■手順
① 参加者をレッド、ブルー、ゴールドの3グループに分けます。
② 各集団は自分たちの文化を学び、シンボルを作り、自分たち固有の使用言語を定め、使命を果たすための戦略を立てます。各集団には説明書、カラーカード（折り紙）、文房具セットをあらかじめ渡します。文

房具セットを使ってゲーム時に自分の帰属するカラーが他の人たちから識別できるような集団のシンボルを作り、胸から上の体のどこかに付けるようにしてもらいます。使命を果たすための作戦に文房具を自由に使って構いません。他のカラー集団の使命や文化については互いに知らないようにします。
③ すべての集団が準備できたら、全員が動き回ることのできる部屋に集合します。ファシリテーターの合図でお互いに接触をはじめ、ゲームを開始します。十分に接触が行われ全体の動きが収束してきたところでゲームを終了し、デブリーフィングとディスカッションを行います。

■振り返りの方法
① 他の集団との接触について感じたこと、自分の集団や自分自身について感じたこと、ゲームの最中に起こったこと、自分自身の行為についての発見等、感じたことやゲームのプロセスについて参加者に振り返ってもらいます。
② ゲームから学んだことや、現実社会との関連性、実際の問題への応用等を模索し考えます。
③ もう一度同じゲームをするとしたらどんな風にやりたいか、何を変えたいか、また実生活では何ができるかを話し合います。

(山本志都)

[出典と参考文献]
　英語版は出版されていますが、日本語版は出版されていないので興味がある方は以下の連絡先にご連絡下さい。
　　Yamamoto, S. (2000). Rainbow mission. In J. Lambert, S. Myers & G. Simons (Eds.), *Global Competence: 50 training activities for international business success (pp.235-242)*. Amherst, MA: HRD Press.
　　山本志都（2001）「異文化コミュニケーション教育におけるシミュレーション・ゲームの導入：『レインボー・ミッション』の実習と学習分析」異文化コミュニケーション学会『異文化コミュニケーション』4：pp.91-113

▶連絡先
　　レインボー・ミッション　山本志都（青森公立大学）shizu@bb.nebuta.ac.jp
　　子供版レインボー・ミッション　岩佐奈々子（JFIE：日本国際交流振興会、ワークショップ講師）then8@attglobal.net

▶ 「クスクス」

■目的と概要

「クスクス」は、異質な人々を受け入れるための、開かれた心作りのための教育教材です。カテナ文際交流センター故向鎌治郎氏の考案によるものです。

参加者は、2つの異なる文化圏に分かれ、互いに他の文化を訪問しあいます。この点では、アメリカのギャリー・シャーツ氏によって開発された「バファバファ」の日本語版ともいえるものですが、その手段、方法、時間がきわめて簡略化され、特別なキットを購入することなく、誰でもすぐに簡単に体験学習を行えるようになっています。ゲームには、どこでも簡単に手に入るトランプカードを用います。

参加者は、異文化を疑似体験することによって、これから直面するであろう異文化社会におかれたときの自分の心理状態について認識をもち、"心の準備"ができます。

このシミュレーションを通しての学習効果として、参加者が自分自身について、次のような発見があったことが報告されています。

- 自分が属する文化圏での短い体験の中で、いつの間にか1つの文化に色づけされ、訪問先の異文化を否定的に見ている自分を発見した。
- 異文化の中におかれたときの疎外感に対して自分がどう反応するかがわかった。
- 良い悪い、好き嫌いも、自分の育った文化圏の中でつくられていく過程がかなり理解できた。

その他、気づくこととして、挙げられているのは:
- 相手の文化を語るとき、「同じ点」より、「違う点」が強調されがちである。
- 文化の違いは否定的に表現されがちである。
- 1つの文化の中で論理的で正しいことも、他文化では非合理でばかげたこととととられることがある。
- 異文化を理解するためには、他の人々の"うわさ"や体験談より、実際に自分の目で確かめることが重要である。

■人数・時間
　人数：10人〜60人　　　コーディネーター：2人〜3人
　時間：90分

■用意するもの
　場所：互いに姿の見えない場所が2か所（2部屋）
　道具：①ホワイトボード、または黒板
　　　　②ジョーカーを除いたトランプ　2組〜6組
　　　　③訪問者用目印（バッジ、帽子、鉢巻など　4個〜16個）
　　　　④リボンまたはシール（50個〜100個）

■手順
　3つのセッションに分かれます。
第一セッション：ゲームの説明とゲーム（50分）
　参加者をランダムに2つのグループに分け、それぞれの部屋で、コーディネーターの指導で自分たちの文化を「学習」します。その後、他文化への訪問者を若干名決め、数回に分けて、相互訪問し、それぞれが見てきたことを自文化の人々に報告します。
第二セッション：相互分析（25分）
　全員が1つの部屋に集まり、コーディネーターの進行で、ゲームを振り返り、感想や意見を述べあいます。
第三セッション：まとめと応用（15分）
　コーディネーターが適切な説明と解説をして、学んだことの応用を促します。

▶詳しい説明の入手・問い合わせは：
　樋口容視子
　　　Email：Yoshikohi@aol.com

（樋口容視子）

著者紹介

八代京子（やしろ きょうこ）
1945年生まれ。国際基督教大学大学院博士課程後期単位取得。教育学修士。現在、麗澤大学名誉教授。異文化コミュニケーション学会前会長（1995年から1999年）。
専攻：異文化コミュニケーション、英語教育、社会言語学
主な著書：『日本のバイリンガリズム』（共著、研究社、1991年）、Study Abroad（共著、研究社、1993年）、『異文化理解とコミュニケーション2』（共著、三修社、1994年）、Multilingual Japan（共著、Multilingual Matters, 1998年）、『異文化トレーニング』（共著、三修社、1998年）、『多文化社会の人間関係力』（共著、三修社、2006年）

荒木晶子（あらき しょうこ）
1950年生まれ。サンフランシスコ州立大学大学院で修士号取得。スタンフォード大学教育学部客員研究員。帰国後、NHKの国際放送の仕事に従事すると共に、企業の異文化研修を担当。90年から桜美林大学に勤務、現在、桜美林大学文学部言語コミュニケーション学科教授。95年にアメリカの異文化学会であるSIETAR Internationalから日本人女性として初めて「異文化教育特別功労賞」を受賞。現在、異文化コミュニケーション学会 SIETAR Japan会長。
専攻：異文化コミュニケーション、スピーチコミュニケーション
主な著書：『異文化へのストラテジー』（共著、川島書店、1990年）、『異文化接触の心理学』（共著、川島書店、1995年）、『自己表現力の教室』（共著、情報センター出版局、2000年）など

樋口容視子（ひぐち よしこ）
1948年生まれ。アンティオーク大学・マクグレガー大学院（米国オハイオ州）で修士号取得。ナイジェリア、サウジアラビア、ベトナム、ネパールなどに通算15年住む。海外生活アドバイザーとして企業・官庁の赴任前研修や異文化研修を行う。麗澤大学非常勤講師。
専攻：異文化コミュニケーション
主な著書・論文：『海外生活事典』（実業之日本社、1994年）、『国際ビジネス英語講座／現地法人管理・生活マニュアル』（共著、日本英語教育協会、1995年）、『海外生活　暮らしを楽しむ英会話』（三修社、2003年）、"Collectivism in Vietnam and Japan through the Prism of Face and Facework"（1997年）

山本志都（やまもと しづ）
1967年生まれ。ポートランド州立大学大学院で修士号取得。上智大学文学研究科教育学博士後期課程修了。博士（教育学）。現在、東海大学准教授。
専攻：コミュニケーション、異文化コミュニケーション、異文化間教育
主な著書・論文：Global Competence: 50 training activities for succeeding in international business Rainbow mission（Lambert, Jonamayと Myers, Selmaと Simons, George（編集）"Rainbow Mission"を単著・Human Resource Development Press' 2000）
「異文化コミュニケーション教育におけるシミュレーション・ゲームの導入：『レインボー・ミッション』の実習と学習分析」（『異文化コミュニケーション』第4号、2001年、異文化コミュニケーション学会）、「異文化コミュニケーション・プログラム評価のための自己評価指標の作成：方法論的視点から」（『マネジメント・コミュニケーション』第2号、2001年、マネジメント・コミュニケーション研究会）

コミサロフ喜美（こみさろふ きみ）
1968年生まれ。レズリーカレッジ大学院修士課程修了（米国マサチューセッツ州）。現在、東京外国語大学非常勤講師。
専攻：異文化コミュニケーション
主な論文："The Synergistic Integration of Intercultural Communication and English Language Teaching" *The Procecdings of the JALT 25th Annual International Conference on Language Teaching & Learning*（共著、2000年）